Carl Heine

Der Roman in Deutschland von 1774 bis 1778

Carl Heine

Der Roman in Deutschland von 1774 bis 1778

ISBN/EAN: 9783744675796

Hergestellt in Europa, USA, Kanada, Australien, Japan

Cover: Foto ©ninafisch / pixelio.de

Weitere Bücher finden Sie auf **www.hansebooks.com**

DER
ROMAN IN DEUTSCHLAND

VON 1774 BIS 1778.

VON

CARL HEINE.

HALLE A. S.,
VERLAG VON MAX NIEMEYER.
1892.

Vorwort.

Ich habe in der vorliegenden Arbeit den Roman in Deutschland von 1774—1778 untersucht, um aus ihm ein Bild der damaligen Zeitideale zu gewinnen.

Eine wie wichtige Quelle die Litteratur eines Landes für die Erkenntnis seiner Ideale bildet, ist bekannt. Fasst man die Anfänge der Dichtung und ihren heutigen Zustand ins Auge, so sieht man das ideale Interesse, das zum Beginn der Poesie auf Götter und Fürsten, auf die Beherrscher des Himmels oder der Erde gerichtet war, gegenwärtig den in jeder Hinsicht niedrigsten Menschenklassen zugewendet.

Der Weg von dort bis hieher bedeutet aber nicht ein ungehemmtes Abwärtsgleiten des idealen Standpunkts, sondern auch diese geistige Bewegung unterlag den Schwankungen von Strömung und Gegenströmung. Jedoch sind durch dieses Gesetz weder die Wege des Ideals, noch die Gründe für sie aufgeklärt. Es gilt also zuerst die Spuren dieses Weges in der Litteratur aufzusuchen, dann erst zur Aufklärung der Ursachen der Idealschwankungen weiterzuschreiten. Wie für die Feststellung der äussern Geschichte des Ideals der Spiegel der Dichtung befragt werden muss, so dient für die Erkenntnis seiner inneren Geschichte die politische Vergangenheit als Quelle; denn die politischen Strömungen bilden einen Hauptfaktor bei der Ausbildung des Ideals, weil jede innere oder äussere Machtverschiebung eine Verschiebung des allgemeinen Interesses bedingt.

Ich habe nun gegenüber der hier skizzierten gewaltigen Aufgabe mein Thema unendlich eng begrenzt, in der Meinung, dass man für Versuche stets nur ein kleines Feld abstecken soll. Den Roman habe ich vor andern Litteraturgattungen besonders deshalb bevorzugt, weil er in grösserer Masse als etwa das Drama produziert ist, und, weniger durch Kunstregeln und praktische Rücksichten eingeengt, gemächlicher die Zeitideale in sich aufnehmen und verarbeiten konnte. Warum ich die Zeit von 1774—1778 wählte, habe ich in der Einleitung gesagt.

In technischer Hinsicht bemerke ich noch, dass die vorkommenden Citate nicht buchstabengetreu wiedergegeben sind; nur bei Goethe glaubte ich eine Ausnahme machen zu sollen: die Anführungen aus dessen Romanen sind der Ausgabe letzter Hand entnommen.

Inhalt.

Einleitung. Eichendorffs Hinweis auf die Wechsel der Ideale im deutschen Roman. 1. — Eichendorffs einseitiger Standpunkt. 1. — Trennung von objektivem und subjektivem Ideal. 1. — Der Wechsel der Ideale im Roman bis zur Mitte des 18. Jahrhunderts. 2. — Die Ideale im Roman in der zweiten Hälfte des 18. Jahrhunderts. 2. — Winkelmanns Kunstevangelium. 2. — Die Accademia degli Incamminati. 2. — Beziehungen Goethes zu den Idealen seiner Zeit. 3. — Bestimmung der Thomas. 3. —

Kapitel I. Verzeichnis der in den Jahren 1774—1778 in Deutschland gedruckten Romane. Quellen des Verzeichnisses. 4. — Verzeichnis. 4. —

Kapitel II. Die Romane und ihre Verfasser. Anzahl der Romane und ihre Auflageverhältnisse. 19. — Auflageverhältnisse der Romane nach ihrer Nationalität geordnet. 20. — Die Verfassernamen. 20. — Die Verfasser der ausländischen Romane. 21. — Die unbekannten Verfasser. 21. — Die bekannten deutschen Verfasser nach ihrem Lebensalter geordnet. 21. —

Kapitel III. Die Einteilung der Romane. Der Einfluss der ausländischen Romane. 29. — Mängel der üblichen Dreiteilung. 29. — Zwei Idealströmungen. 30. — Richardsons Bedeutung für das Ideal der Gelassenheit. 30. — Richardsons Selbstportrait. 30. — Richardsons Ideal. 31. — Das Ideal der besonderen Ausbildung der Moral. 32. — Romane die dazu gehören. 33. — Gellert. 33. — Hermes. 33. — Sophie La Roche. 34. — Sattler. 34. — Kirsten. 34. — Hilter. 35. — Der Inhalt. 35. — Die Form. 36. — Zwei Romanformen. 37. — Das Ideal der besonderen Ausbildung der Empfindsamkeit. 37. — Richardson und Sterne. 37. — Romane die dazu gehören. 38. — Merck. 38. — Jung-Stilling und Miller. 39. — Die Form. 40. — Das Ideal der besonderen Ausbildung der Vernunft. 40. — Richardson und Goldsmith. 41. — Merck. 41. — Lenz. 41. — Nicolai. 42. — Das Gemeinsame in den Romanen des Gelassenheitsideals. 43. — Engel. 43. — Das Ideal der Leidenschaft. 43. — Richardson. 43. — Das Ideal der Freiheit der Moral. 44. — Wieland. 44. — Sternes Selbstportrait. 45. — Heinse. 46. — Romane die hierher gehören. 48. — Das Ideal der Freiheit der Empfindung. 48. — Rousseau und Goethe. 49. — Lenz. 49. — Jacobi. 51. — Dusch. 52. — Die Form. 52. — Das Ideal der Freiheit der Vernunft. 53. — Cervantes. 53. — Rabelais und Fischart. 54. — Diderot, Le Sage, Sterne und Fielding. 54. — Musäus. 55. — Thümmel. 55.

— Hippel. 56. — Klinger und Voltaire. 57. — Tragische Lösung. 58. — Das Ideal der Harmonie. 58. — Swift. 58. — Defoe. 59. — Goethe. 59. — Robinson und Wilhelm Meister. 59. —

Kapitel IV. **Die Beschreibung der in den Romanen vorkommenden Personen.** Übereinstimmende Züge. 61. — Das Äussere der Personen. 61. — Das Lebensalter. 61. — Die verschiedenen Ideale bevorzugen verschiedene Lebensalter. 61. — Gelassenheitsideal. 62. — Gruppe der Moral. 62. — Gellert. 62. — Hermes. 63. — Sattler. 63. — La Roche. 63. — Gruppe der Empfindsamkeit. 63. — Sterne. 63. — Jung Stilling. 64. — Miller. 64. — Gruppe der Vernunft. 64. — Nicolai, Merck, Lenz und Blanckenburg. 64. — Engel. 64. — Leidenschaftsideal. 64. — Gruppe der Genussfreiheit. 64. — Wieland. 64. — Gruppe der Empfindungsfreiheit. 64. — Goethe, Lenz und Jacobi. 64. — Gruppe der Vernunftsfreiheit. 64. — Goethe. 65. — Gesichts- und Körperbildung. 65. — Gellert. 65. — Hermes. 66. — Sattler. 66. — Kirsten. 66. — La Roche. 67. — Sterne. 67. — Miller. 68. — Merck. 68. — Wieland. 68. — Goethe. 68. — Lenz. 68. — Jacobi. 69. — Goethe. 69. — Kleidung. 71. — Gellert. 71. — La Roche. 71. — Jung Stilling. 71. — Merck. 71. — Engel. 71. — Goethe. 72. — Unterschied in der Kleidung bei den beiden Idealgruppen. 71. — Das Wesen der Personen. 74. — Hilter. 74. — Gellert. 75. — Hermes. 76. — La Roche. 78. — Sattler. 79. — Kirsten. 80. — Sterne. 81. — Jung Stilling. 82. — Miller. 83. — Nicolai. 84. — Engel. 85. — Das Wesen der Personen im Gelassenheitsideal. 86 — Wieland. 86. — Goethe. 87. — Lenz. 88. — Jacobi. 90. — Das Wesen der Personen im Leidenschaftsideal. 92. — Goethe. 92. — Die Beschäftigung der Personen. 103. — Bildungsgang, Wissen und Können. 103. — Gellert. 103. — Hilter. 105. — La Roche. 105. — Jung Stilling. 106. — Miller. 107. — Nicolai. 108. — Merck. 108. — Wieland. 108. — Jacobi. 109. — Goethe. 109. — Geselligkeit. 112. — Gellert. 112. — La Roche. 113. — Sattler. 114. — Jung Stilling. 114. — Miller. 114. — Lenz. 114. — Goethe. 114. — Lenz. 115. — Jacobi. 115. — Goethe. 115. — Stand und Beruf. 115. — Gellert. 115. — Hilter. 115. — Hermes. 115. — La Roche. 115. — Sattler. 115. — Sterne. 115. — Jung Stilling. 115. — Miller. 115. — Nicolai. 115. — Lenz. 116. — Merck. 116. — Lenz. 116. — Jacobi. 116. — Thümmel. 116. — Goethe. 116. —

Kapitel V. **Der Ideenkreis der Romane.** Hilter. 117. — Gellert. 118. — Hermes. 119. — La Roche. 120. — Sattler. 120. — Kirsten. 121. — Die moralische Gruppe des Gelassenheitsideals. 122. — Sterne. 122. — Jung Stilling. 122. — Miller. 123. — Die Empfindungsgruppe des Gelassenheitsideals. 123. — Nicolai. 123. — Merck. 124. — Das Gelassenheitsideal. 124. — Goethe. 124. — Lenz. 126. — Jacobi. 126. — Das Leidenschaftsideal. 127. — Goethe. 127. — Die drei Idealrichtungen. 134. —

Einleitung.

Eichendorff weist in der Einleitung zu seiner Schrift über den Roman[1] ausführlich darauf hin, dass der Wechsel der Ideale »des Inbegriffs aller Sehnsuchten, Wünsche und Hoffnungen« der verschiedenen Epochen am besten in Deutschland durch den Roman abgespiegelt wird. »Man durchlaufe nur einmal in Gedanken die ganze Skala dieser Ideale von Sigurd dem Schlangentöter bis zum Siegwart — welche Wechsel der Kulturgeschichte rollt die blosse Musterung dieser imaginären Weltbeherrscher vor unseren Blicken auf.«

Eichendorff macht selbst den Versuch, die Geschichte des Ideals in Deutschland aus der Geschichte des deutschen Romans herauszulesen. Aber sein Standpunkt ist für die rein historische Betrachtung nicht gut gewählt, weil er den religiösen Eiferer allzu häufig zu unfruchtbarer Polemik statt zu vorurteilsloser Darlegung verführt. Und diese Einseitigkeit seines Standpunktes rächt sich jedesmal da doppelt, wo er nicht sorgfältig genug das eigene Ideal, die Wahrheit der christlichen Kirche, von den subjektiven Idealen der verschiedenen Epochen und Schriftstellergruppen scheidet.

Man muss, will man den verschiedenen Idealen gerecht werden, davon absehen, ein objektives Ideal aufzustellen, an welchem die subjektiven Ideale gemessen werden, und daher das Einteilungsprinzip aus den darzustellenden Romanen und ihrer geschichtlichen Entwickelung selbst herzuleiten suchen.

Der Roman bis zur Mitte des achtzehnten Jahrhunderts bietet da weniger Schwierigkeiten, seine Richtung ist einheitlicher und leichter zu erkennen, als nach diesem Zeitpunkt, als so viele fremdländische und einheimische Anregungen die verschiedenartigsten Strömungen gleichzeitig hervorriefen, und einen raschen Wechsel

---

[1] Der deutsche Roman des achtzehnten Jahrhunderts in seinem Verhältnis zum Christenthum von J. Freiherrn v. Eichendorff. Lpz. 1851; 2. Aufl. Paderborn 1866.

der Ideale bewirkten. Fallen doch drei, für die Geschichte des Romans eminent wichtige Ereignisse in diese Zeit. Das Bekanntwerden der **Richardsonschen Romane**, der **neuen Heloïse** und des **Winckelmannschen Kunstevangeliums**. Forderten die beiden ersten Erscheinungen zu dem Ideal einseitiger Ausbildung gewisser Seiten der menschlichen Natur auf, so verlangte Winckelmanns These[1]: »eine gleichmässige Ausbildung der menschlichen Natur im Verhältnis ihrer Grundbestandteile zu einander, und die möglichste Ausbildung jeden Teiles selbst.«

Winckelmann[2] lehnte sich bei der Bestimmung dieser Ideal-Forderung an die Lehren der Accademia degli Incamminati an, welche die Schule des Idealismus in Italien zur herrschenden Kunstphilosophie gemacht hatten.

Die Geschichte und die Tendenzen dieser Bologneser Schule sind bekannt. Ludovico Carracci gründete sie im sechzehnten Jahrhundert gemeinsam mit seinen Vettern Agostino und Annibale Carracci; Antonio Marziale, der natürliche Sohn Agostinos, setzte sie im siebzehnten Jahrhundert fort, und Bellori rettete durch seine litterarischen Arbeiten die Grundsätze der Malerfamilie Carracci ins achtzehnte Jahrhundert hinein. Die Kunst, so lehrt diese Theorie, sei nicht allein Nachahmerin der Natur, indem sie ihre »Idee« wiedergäbe, sondern vielmehr ihre Vollenderin, weil sie ihre »Idee« durch den Verein der schönsten Formen verkörpere.

Winckelmann nahm diese Grundsätze, diese zwei Merkmale des »Ideal-Schönen« auf; aber er ging dadurch über den zusammensetzenden Eklekticismus der Italiener hinaus, dass er in der Kunst des Altertums bereits fertige Musterbilder entdeckte, während die Incamminati die Kunst erst zur Höhe ihres Ideals zu heben hofften, indem sie die gelungensten Formen und Farben der verschiedenen Meisterwerke des Cinquecento zu einem Typus zu vereinen suchten.

Für Winckelmann hingegen ist der fertige, griechische Typus deshalb der »idealste«, weil in ihm alles Besondere, Einseitige, Unharmonische, also jedes »unschöne Gepräge« vermieden sei, weil in ihm der vollendetste Ausdruck des griechischen Lebensideals gefunden sei: »eine gleichmässige Ausbildung der menschlichen

---

[1] J. J. Winckelmann: Geschichte der Kunst des Altertums. Dresden 1764. Th. III. Nr. 5: Das Kunstideal.

[2] Vergl. C. Justi: Winckelmann. Sein Leben, seine Werke und seine Zeitgenossen. Bd. II. Lpz. 1872. S. 144 ff.

Natur im Verhältnis ihrer Grundbestandteile zu einander, und die möglichste Ausbildung jeden Teiles selbst.«

Man weiss, wie sich die Lehre dieser vollkommensten Harmonie einbürgerte, wie sie bis zur Alleinherrschaft vordrang und einen vollkommenen Wandel der Kunst- und Lebensanschauungen durchsetzte.

Dieser Umschwung vollzog sich zu Goethes Lobzeiten. Wie er in den Leiden des jungen Werther die genialste Verkörperung einseitiger Ausbildung fand, so gelang ihm im Wilhelm Meister die poëtische Ausgestaltung des Winckelmannschen Ideals. Der Zeitpunkt, in dem Goethe sich dem Ideal der vollkommenen Harmonie der Ausbildung zuwandte, ist das Jahr 1778. Damals wanderte bereits das erste Buch des Wilhelm Meister zu Knebel,[1]) im folgenden Jahre begann Iphigenie zu entstehen. Diese vier Jahre vom Erscheinen des Werther bis zu den Anfängen des Wilhelm Meister, die Jahre 1774—1778, will ich in den Kreis meiner Betrachtungen ziehen.

Jedoch werden wir unser Augenmerk nicht nur auf die führenden Geister, sondern ebensosehr auf ihre Gefolgschaft zu richten haben. Denn wie bei einem vollendeten Kunstwerk die Einzelheiten weniger sichtbar werden, als bei der Menge der Arbeiten von geringerer Kunstvollendung, so sind in der Fülle ästhetisch wertloser Romane die Faktoren, die das jeweilige Ideal darstellen, kenntlicher, als bei der geringen Zahl der Meisterwerke; gerade die für das Lesebedürfnis breitester Schichten berechneten Romane sind für den Zeitgeschmack am massgebendsten.

Aber nicht nur die neu herauskommenden Romane — Originale und Übersetzungen — müssen zur Betrachtung herangezogen werden, sondern auch die neuen Auflagen früher erschienener Romane.

---

[1]) Goethe an Knebel, Januar oder Februar 1778. Weim. Ausg. d. Briefe. Bd. III. S. 213 Nr. 679. — Goethes Tagebücher, Weim. Ausg. 1. S. 59. 2. Jan. 1778.

Kapitel I.

Verzeichnis der in den Jahren 1774—1778 in Deutschland gedruckten Romane.

Bei der Aufstellung dieses Verzeichnisses sind ausser Goedeckes Grundriss (Bd. IV²) die Kataloge der Kgl. Universitäts-Bibliothek zu Breslau, der Kgl. Bibliothek zu Berlin und die Leipziger Messkataloge der betreffenden zehn Leipziger Messen benutzt. Wo sich in den verschiedenen Angaben Abweichungen zeigten, habe ich, falls ich der Bücher selbst nicht habhaft werden konnte, die Angabe der Messkataloge bevorzugt. Ein Stern (*) kennzeichnet den Roman als eine Übersetzung aus dem Französischen, ein Doppelstern (**) als eine Übersetzung aus dem Englischen, ein Kreuz (†) bedeutet, dass die erste Auflage des Romans vor 1774 erschien, dass schon vor 1774 ein oder mehrere Bände des Romans herauskamen, oder dass schon vor 1774 andere Übersetzungen desselben fremdländischen Romans in Deutschland gedruckt sind. Eine Bezeichnung der wenigen aus dem Italienischen, Spanischen, Dänischen oder Schwedischen übertragenen Romane habe ich unterlassen, da das Verzeichnis an Übersichtlichkeit wenig dadurch gewonnen hätte.

1. Abel, J. F. von: Beiträge zur Geschichte der Liebe, aus einer Sammlung von Briefen. II Tle. Lpz. 1778.
2.† Abendstunden, oder Sammlung lehrreicher und anmutiger Erzählungen. Breslau 1760—1774.
3.† Abendstunden, neue, oder Fortsetzung der Sammlung lehrreicher und anmutiger Erzählungen. Breslau 1768—78.
4.* Abenteuer des Ritters von Prat. Lpz. 1775.
5. Abenteuer, lustiges eines geistlichen Don Quixotte Pater Gassners, Teufelsbeschwörer in Elwangen. Berl. u. Lpz. 1776. (Vielleicht eine Nachahmung von:

6.†** Der geistliche Don Quixote, oder Gottfried Wildgoose den Sommer über angestellte Wanderschaft. Ein comischer Roman. Aus dem Englischen. Lpz. 1773 3 Tle. [Vergl. Wandsbecker Bote vom 17. Dezember 1773 No. 195. — Vierteljahrsschrift IV. 521 ff.])
7. Akademie der Grazien, oder litterarische Unterhaltung für das Frauenzimmer. Halle 1774.
8. Amors Reisen. Bern 1777.
9.†* Argens, Marquis d': Geschichte des Fräulein von Maineville. Neue Aufl. Hamb. 1777.
10.* Arnaud: Bazile. Breslau 1778.
11.* — Belle Anna, eine englische Geschichte. Offenbach 1777.
12.* — Elmira, oder die Treue auf Probe. Fkf. 1778.
13.* — Historische Erzählungen. Übersetzt von J. G. Gellius. Lpz. 1775—78.
14.* — Julia, oder die glückliche Reue. Breslau 1776.
15.* — Der Heldenmut der Liebe. In den besonderen Begebenheiten Mathildis einer Prinzessin der Angelsachsen. Lpz. 1776.
16.* Bayard, Der Mann ohne Tadel. Lpz. 1777.
17.†* Beaumont, Maria le Prince, de: Clarissa, eine wahrhafte Geschichte. Neue Auflage. 2 Tle. Lpz. 1778.
18.* — Moralische Erzählungen. Lpz. 1774. 2. Aufl. 1778.
19.* — Sieg der Wahrheit, oder Nachrichten des Herrn de la Silette. Lpz. 1776.
20. Begebenheiten, die, auf dem Lustschloss zu B. oder die Macht der Erziehung. Nordhausen 1778.
21.** Begebenheiten der Miss Fanny Forrester. 2 Bde. Hannover 1775.
22.† Begebenheiten der aus einem alten und abgelebten Einsiedler natürlich verwandelten Einsiedlerin. 2. Aufl. Altenburg 1778.
23. Begebenheiten eines glücklich gewordenen Friseurs. Fkf. u. Lpz. 1777.
24.† Begebenheiten etlicher Soldaten. 2. Aufl. 2 Tle. Quedlinb. 1777.
25.†* Begebenheiten, wahre, französischer Frauenzimmer von Stande. Dresden 1767—74 ff.
26. Beiträge zur empfindsamen und moralischen Lectüre. Altenburg 1774.
- - Benzler. Vergl. Mackenzie.
27. Berisch, G. W.: Chrysophil oder der Weg zum Glück. Altenburg 1777.

— Bertuch, F. J. Vergl. Geschichte des Gerundio von Campazas; und Cervantes.
28. Beuvius, Adam: Der Eigensinn des Glücks in den ausserordentlichen Begebenheiten des Baron T. und seiner Familie. Berlin und Leipz. 1775.
29. — Henriette oder der Husarenraub. In Briefen. Berl. u. Lpz. 1778. 1780.
30. — Hassan und Ariaspes. Berlin und Leipz. 1778.
31. — Louise v. H. oder der Triumph der Unschuld. Eine rührende Geschichte. 2 Tle. Breslau 1775.
32. — Macht, die, der Verführung oder der gebesserte Lasterhafte. Berlin 1776.
33. Bibliothek der Romane. Berlin und Riga. 1778 ff.
34. Blankenburg, Ch. F. v.: Beiträge zur Geschichte teutschen Reichs und teutscher Sitten. Ein Roman. Bd. 1 (mehr nicht erschienen). Lpz. u. Liegnitz 1775.
35.† Bock, Joh. Chr.: Geschichte eines empfundenen Tages A. u. d. T. die Tagereise. Leipz. 1770, 1771; Fkf. u. Lpz. 1775.
— Bode, J. J. Ch. Vergl. Goldsmith, Smollet, Sterne und Hawkesworth.
36. Breslauische Landbibliothek. Bresl. u. Lpz. 1778 ff.
37. Bretschneider, H. G.: Familiengeschichte und Abenteuer des Junkers Ferdinand von Thon. Nürnberg 1775, 1776.
38.* Briefe der Fillon. Fürth 1776.
39. Briefe einer Hofdame an einen Offizier. Lpz. 1778.
40. Brückner, E. Th. Joh.: Ländl. Erzählungen. Helmstaedt 1778.
41. Bürger, der von Condom; ein komischer Roman nach dem Spanischen von J. G. Müller. Hamb. u. Itzehoe 1775.
— Busch, J. G. Vergl. Smollet.
42.† Cervantes: Leben und Thaten des weisen Junkers Don Quixote von la Mancha. Übersetzt von J. F. Bertuch. Lpz. 1775 bis 76; 1780—81.
43. Charites und Demophil, oder die schönen Abende. Eine ländliche Geschichte. Lpz. 1775.
44.† Charlotte, oder die Geschichte des Fräuleins von Weissensee. Neue Aufl. Kopenhagen 1776.
45. Chimäre, die, des Glücks. Eine deutsche Geschichte. Lpz. 1776.
— Christiani. Vergl. Thun.
46. Codardo, Joseph und Rosaura Bianki, eine rührende Erzählung aus geheimen Nachrichten von Venedig und Cadix. In empfindsamen Briefen geschildert. Nürnberg 1778.

47. Constantina, oder die glückliche Waise. Eine ländliche Geschichte. Berl. 1775.
48. Curio, J. K. D.: Elise und Lindor. Hamb. 1774.
49. — Carl Sievers. Eine Geschichte. Hamburg 1777—82.
50.** Dankbarkeit, die falsche. Eine Geschichte von einer Dame. 2 Tle. Danzig 1774.
51. Dickinson: Erstaunliche Geschichte von dem Schiffbruch, den einige Personen in dem Meerbusen Floridas erlitten, nebst einem Anhange von W. Flemmings Trübsalen unter den Idawaren. Fkf. 1774.
52.* Diderot, Denis: Die geschwätzigen Muscheln. 2 Tle. Augsburg 1776.
53. Diebes- und Mordgeschichten. Kopenhagen 1774 ff.
54. Dorset und Julia, eine Geschichte der neueren Zeit. 2 Bde. Lpz. 1777.
55. Drei wunderliche, artige Frauenzimmerchen. Strassburg u. Lübeck 1775.
56. Dusch, J. J.: Geschichte Karl Ferdiners in Originalbriefen. 3 Bde. 6 Tle. Breslau u. Lpz. 1777—1780.
57.** Eduard, eine Geschichte. 2 Tle. Lpz. 1774.
58. Edwin und Julia, eine Geschichte in Briefen von einem Frauenzimmer. Lpz. 1775.
59. Ehemann, der treulose, bekehrte, und der tugendhaften Liebe belehrte. Lpz. 1775.
60. Eitelkeit, die besiegte, oder letzte Stunden der Gräfin Mariane Eleonore Löser. Fkf. u. Lpz. 1774.
61. Emilia, oder das unverhoffte Glück. Breslau 1778.
62.** Emma, oder das Kind des Kummers. Lpz. 1776.
63.** Eremit, der. 2 Tle. Lpz. 1776.
64. Etwas in zwo Erzählungen. Breslau 1774.
65.† Etwas wider die lange Weile, für alle, die es brauchen können. Lübeck 1773 ff.
66.** Eveline, oder eines Frauenzimmers Eintritt in die Welt. Lpz. 1778.
67.† Falkoners erstaunliche Seefahrten, seltsame Begebenheiten und wundersame Errettung. 2. Aufl. Lpz. 1778.
68.† Feder, Joh. Georg Heinr.: Der neue Emil. 2 Tle. I. Erlangen 1768, 1771, 1774. II. Göttingen 1774. 2. Aufl. I. u. II. Münster 1789.
69.** Fielding, Geschichte der Abenteuer Joseph Andrews und seines Freundes Adams. Übersetzt von K. Berlin 1775.

70.** Folgen, unglückliche eines Fehlers aus Übereilung. Lpz. 1778.
71. Fragmente zur Geschichte der Zärtlichkeit aus den Briefen eines Liebenden. Fkf. 1778.
72. Fragmente zur Geschichte eines liebenden Jünglings. Für Empfindsame. Halle 1778.
73.† Frau, die alte. Lpz. 1768—74.
74. Fresenius, J. C. L.: Empfindsame Launen. Fkf. u. Lpz. 1777.
75.** Freunde, die beiden und Nebenbuhler, oder der edle Klausner. Eine Erzählung in Briefen. Lpz. 1777.
76. Galeerensklave, der, oder die wahre Geschichte eines verfolgten Protestanten. Kopenhagen 1775.
77.** Gärtnerin, die, oder Geschichte des Sir Charles Dawas. Lpz. 1775.
— Gellius, Joh. Gottfr. Vergl. Arnaud, hist. Erz.; Vergnügen auf dem Kanapee; Vormund, der irländische.
78. Gemälde, das, der Tugend. Dresden 1775.
79.** Geschichte, abenteuerliche und merkwürdige der unvergleichlichen Pallanda in Corfu. Fkf. 1778.
80.* Geschichte der Adelaide. 2 Tle. Nürnberg 1774.
81.** Geschichte der Amalie Dean in Briefen. Hamburg 1776; 1777.
82.** Geschichte der Amalie Harcourt und Louise Darlington. Lpz. 1777.
83. Geschichte der Baronesse von St. Clair. Breslau 1775.
84.** Geschichte der Constantia Beauchamp. 2 Tle. Dresden 1777.
85. Geschichte der Familie Selby oder die Reise nach London. Danzig 1775.
86.** Geschichte der Fany Meadow in einer Reihe von Briefen. Lpz. 1775.
87. Geschichte der Franziska Hartenstein, in Briefen. Ein Beitrag zu unseren deutschen Originalromanen. Berlin 1778.
88. Geschichte der Frau von F. geb. von D. Ein Original. Chemnitz 1774.
89.** Geschichte der Frau von S.** Chemnitz 1774.
90. Geschichte der Glücklichen. Altenburg 1776.
91.** Geschichte der Gräfin von K. Von ihr selbst aufgesetzt. Fkf. u. Lpz. 1774.
92.** Geschichte der Lucie Fanton. 3 Tle. Eisenach 1775.
93. Geschichte der Marquise von Syrka und des Grafen von Mirbella. 2 Tle. Nürnberg 1774.
94.** Geschichte der Miss Anna Neville, Schwester des grossen Grafen Warwick. Lpz. 1777.

95.** Geschichte der Miss Aschuy, oder die stolze Schöne. Breslau 1775.
96.** Geschichte der Miss Melmoth. 2 Tle. Lpz. 1774.
97.** Geschichte der Miss Charlotte Jarvis. In Briefen. 2 Tle. Lpz. 1774.
98.** Geschichte der Miss Temple von einem Frauenzimmer verfasst. Lpz. 1778.
99.** Geschichte des Arsenes, Prinzen von Betlis. Lpz. 1775.
100.** Geschichte des Fräulein Fitzroy und des Fräulein Emilia Spenzer. 2 Tle. Lpz. 1776.
101. Geschichte des Freiherrn von Kronheim. Eisenach 1775—76.
102.† a) Geschichte des berühmten Predigers Gerundio von Campazas sonst Gerundio Zotes genannt. Aus dem Englischen (Spanischen) übersetzt von J. F. Bertuch. II. Lpz. 1773. Lpz. 1777.
b) Geschichte des Gerundio von Campazas, eines Predigers. Lpz. 1777.
103. Geschichte des Grafen von R. Fkf. u. Lpz. 1775.
104.** Geschichte des Herrn Georg Ellison. 2 Tle. Lübeck 1774.
105.** Geschichte des Herrn Stanly und der Miss Temple. Eine ländliche Erzählung. 2 Bde. Lpz. 1775. Vergl. Nr. 98.
106. Geschichte des Herrn von Gelbin in Briefen. Dresden 1774.
107. Geschichte des Herrn von Lerson aus unterirdischen Papieren gezogen. Berl. 1775.
108.* Geschichte Carl Martells und der Prinzessin Barsine. Langensalza 1776.
109.** Geschichte des Carl Wentworths in einer Reihe von Briefen. Nürnberg 1775.
110.** Geschichte des Lord Stanton. 5 Tle. Lübeck u. Lpz. 1775.
111. Geschichte Dorothea Feuerlins oder die glücklich gewordenen Goldmacher. Magdeb. 1776.
112.** Geschichte eines englischen Jubeliers und Mahlers. Von ihm selbst aufgesetzt. Fkf. u. Lpz. 1774.
113. Geschichte eines Jünglings. Berl. 1776.
114.* Geschichte verschiedener Personen von Stande. In Briefen. 2 Bde. Fkf. u. Lpz. 1777.
115. Geschichte, wirkliche eines Deutschen bei der dreizehnjährigen Entfernung von seinem Vaterlande. Quedlinburg 1774.
116.* Geständnisse, vertraute, eines adligen Frauenzimmers. Lpz. 1775.
117. Gewissen, das, eine Erzählung. Wolfenbüttel 1777.
118. Glückseelige, der. Hamburg 1777.

119. Goechhausen, E. A. A. von: Antoinette, ein Mährlein aus der anderen Welt. Lpz. 1776.
120.† — M. R. Eisenach 1772, 1773, 1776, 1783, 1786, 1807.
121.†** Goldsmith: a) Der Dorfprediger von Wakefield. Übersetzt von J. J. Ch. Bode. Lpz. 1776, 1777. Fkf. u. Höchst 1777. Bamberg 1780. Hamb. u. Altona 1781. Lpz. 1796.
— †** b) Der Dorfprediger von Wakefield. Eine Geschichte, die er selbst geschrieben hat. Aufs neue verdeutscht. Lpz. 1776.
122. Graf, der von Valmont, oder die Verwirrungen der Vernunft. 3 Tle. Danzig 1776.
123.** Griffith: Geschichte der Juliane Harley. Lpz. 1777.
124. Grossmüthige Bauernknabe, der. Hamb. 1777.
125. Haller, A. von: Fabius und Cato. Bern u. Göttingen 1774.
126.† — Usong. Bern u. Göttingen 1771, 1772, 1774, 1778; Lpz. 1771.
127.** Hamilton, Anton, Schöne und anmuthige Historie von der Prinzessin Florisdalpina, wie sie in dem scheusslichen Gewahrsam eines grausamen Unholden gesessen, und endlich durch die manhaften Listen eines Ritters Papperlappap genannt daraus befreit worden. Als ein Beitrag zu 1001 Nacht gestellet. Nun aber ins Deutsche gedollmetscht durch Georg Bidermalen Boten zu Lauchstädt. Fkf. u. Lpz. 1776.
128.** Hawskesworth u. Warton: Der Abenteurer. Übersetzt von J. J. Ch. Bode. 2 Bde. Berl. 1776.
129. Heinse, J. J. W.: Laïdion, oder die eleusinischen Geheimnisse. Lemgo 1774, 1790, 1799.
130.** Heirat, die eigennützige, oder Geschichte der Miss Shandon. Breslau 1776.
131.** Heirat, die eigennützige, oder Geschichte des Herrn Frankland. Breslau 1776.
132. Heloïse, die schwedische, oder Briefe der Julia **, aus einer schwedischen Handschrift von M. v. B. Berlin 1776.
133.† Hermes, J. Th.: Sophiens Reise von Memel nach Sachsen. Lpz. 1769—73, 1775, 1776, 1778, 1787.
134. Hilter, Dietrich, Karl: Verwirrte und bedenkliche Schicksale einiger reisenden Personen beiderlei Geschlechts, zu Wasser und zu Lande. Regensburg 1774.
135. Hippel, Th. G. v.: Lebensläufe nach aufsteigender Linie. Nebst Beylagen A, B, C. Berl. 1778—81. Lpz. 1846.
136.† Hopffgarten, L. F. von: Der Cavalier und der Menschenfreund, oder Geschichte des Barons von Grandom. 2 Tle. Lpz. 1773—74.

137. Hopffgarten, L. F. von: Heim, oder die Geschichte des bestraften Eigensinns. In Briefen. II. Lpz. 1778.
138. — Der Minister. Eine Geschichte. Lpz. 1775.
139.† — Der Sieg der Einfalt über den Verstand. Lpz. 1772—74.
140. — Trim, oder der Sieg der Liebe über die Philosophie. Lpz. 1776.
141. Jacobi, Fr. Heinr.: Allwill. Aus Eduard Allwills Papieren. Iris 1775. Teut. Merk, 1776. Königsberg 1792. Lpz. 1826.
142. — Woldemar. Teut. Merk. 1777; Teut. Museum 1779. Flensburg 1779. Königsberg 1794, 1796. Lpz. 1820.
143.* Imbert: Die Irrungen der Liebe, oder Briefe der Fanelly und Milfort. 2 Tle. Berl. 1777.
144.** Inseln, die beglückten. Eine Geschichte des Fräulein Yalling von ihr selbst aufgezeichnet. 2 Tle. Augsburg 1777.
145.** Julia Benson, oder die leidende Unschuld. Eine auf wirkliche Begebenheiten gegründete Erzählung in Briefen. 2 Tle. Lpz. 1776.
146. Jung Stilling, Joh. Heinr.: Henrich Stillings Jugend. Eine wahre Geschichte. Lpz. 1777.
147. — Henrich Stillings Jünglingsjahre. Eine wahre Geschichte. Berl. u. Lpz. 1778.
148. — Henrich Stillings Wanderschaft. Eine wahre Geschichte. Berl. u. Lpz. 1778.
149. Kirsten, J. A. G.: Lottchens Reise ins Zuchthaus. 5 Tle. Lpz. 1777—1778, 1784.
150. Klausing, A. E.: Der Pilgrim, oder ein Gemählde des Lebens. Lpz. 1775.
151. Klinger, F. M.: Orpheus, eine tragisch-komische Geschichte. 2 Tle. Genf 1778—80. Lpz. 1791.
152. — Moralische Erzählungen. Prag 1774.
153. Köhler, Konr. Ferd.: Scenen aus dem menschlichen Leben, oder Geschichte einer Spröden. Ein Roman für Liebende. Lpz. 1777.
154.† Korn, Chr. Heinr.: Abendlust, die, im Prater zu Wien in der Geschichte verschiedener Personen von Stande. Ulm 1773. Frkf. u. Lpz. 1774.
155. Kranke, der, oder Geschichte einer guten Familie. Nürnb. 1775.
156. Laïs, die von Smyrna, oder Nachrichten zu dem Leben des Psycharion. Ein erotisches Fragment nach dem Griechischen des Niccretto aus einem Manuscript in der Bibliothek des Milord ** übersetzt. Smyrna (Gotha) 1776.

157.† Landbibliothek zu einem anmuthigen und lehrreichen Zeitvertreib. Lpz. 1762—78.
158.† Landprediger, der. Nördlingen 1772—74.
159. La Roche, Sophie, de: Freundschaftliche Frauenzimmer-Briefe. Iris 1775—76. A. u. d. T. Rosaliens freundschaftliche Briefe. Altenb. 1780—81, 1796. Offenbach 1791. A. u. d. T. Rosaliens freundschaftliche Briefe an Mariane. Altenb. 1796.
160.† Lebensbeschreibung Herrn Götzens von Berlichingen mit der eisernen Hand. Nürnberg 1731, 1774, 1775.
161. Lebens- und Reisebeschreibung, merkwürdige, Antons von D.** Dresden 1776.
162.** Leben und Ende des William Dodds. Aus den Archiven der Menschheit gezogen. Fkf. 1777.
163. Leben und merkwürdige Begebenheiten einer Pastorstochter. Regensburg 1776.
164.† Lectüre, nützliche und angenehme. Liegnitz 1769—74 ff.
165. Lehrreiche Unterhaltung zur Verbesserung der Sitten. Lpz. 1778 ff.
166.** Leiden des jungen Karl Willers und seiner Fanny. Für empfindsame Herzen. Nürnberg 1775.
167. Lenz, J. M. R.: Der Landprediger. Teut. Mus. 1777. A. u. d. T. Geschichte eines Dorfpredigers. Pilger durch die Welt. 1846.
168. — Zerbin, oder die neuere Philosophie. Teut. Museum 1776.
169.* Le Sage: Der hinkende Teufel. Fkf. 1777.
170.* Liebe, die, des Paliris und der Diephe. Bern 1776.
171.* Liebe, die getreue in und ausser dem Ehestand. In einer wahren, verliebten und tragischen Geschichte abgebildet. Fkt. u. Lpz. 1776.
172. Liebe, die, ohne Vernunft, oder Geschichte der Laïs. 5 Tle. Rostock 1776.
173. Liebe, die reine in dem zukünftigen Leben. Ein philosophisches Romänlein an den Mufti. Basel 1772, 1774; Fkf. u. Lpz. 1773.
174.** Liebe, die uneigennützige, oder Geschichte des Sir Karl Boyston und der Familie Lasley. In Briefen. Lpz. 1776.
175.** Loangswoord: Graf von Salisbury, ein historischer Roman. Lpz. 1775.
176.† Loën, Joh. Mich. von: Der redliche Mann vom Hof, oder Begebenheiten des Grafen von Rivera. Ulm 1760; Riga 1778, 1782.

177.** Loroock: Julius Grenville, oder die Geschichte des menschlichen Herzens. 3 Tle. Lpz. 1774.
178.† Louise, oder die Macht der weiblichen Tugend. Lpz. 1773, 1774.
179.** Lustreise des Ministers Broocke. Lpz. 1788.
180.** Mackenzie, Henry: Julius von Roubigne, eine Erzählung in einer Reihe von Briefen. Von dem Verfasser des Weltmanns und der Empfindsamen. Übersetzt von Benzler. Lpz. 1778.
181. Mädchen, das. 2 Tle. Budissin 1775.
182. Mann, der, aus einer anderen Welt. 3 Bücher. Aus dem Italienischen. Lpz. 1776.
183.** Mann, der, von Gefühl. Danzig 1774, Berlin 1778.
184.** Männerschule, die. 2 Tle. Lpz. 1777.
185.** Mariveaux: Marianne von Ferville. Eine neue Erzählung. Eisenach 1778.
186. Meissner, A. G.: Skizzen. Lpz. 1778—80, 1781, 1782, 1783, 1784, 1785, 1788, 1792, 1800.
187. Merk, Joh. Heinrich: Geschichte des Herrn Oheim. Teut. Merkur. 1778.
188. — Das Intelligenzblatt. Teut. Museum 1774.
189. — Wer ist glücklich? Teut. Museum 1777.
190. Miller, M. J.: Geschichte Karl von Burgheims und Fräuleins von Rosenau. Ein Original in Briefen. Lpz. 1778—79, 1779, 1779—81.
191. — Siegwart, eine Klostergeschichte. 2 Bde. Lpz. 1776; Karlsruhe 1776; Reutlingen 1776; Tüb. 1776. 2. Aufl. 3 Bde. Lpz. 1777. 3. Aufl. Fkf. u. Lpz. 1778. 4. Aufl. Stuttg. 1844.
192. Miranda u. Isabella, oder die durch Bosheit verfolgte Unschuld. Von dem Verfasser des Grafen von Pontis. Eine tragische Geschichte. Augsburg 1774.
193.† Moralische Erzählungen zur Ergänzung der Landbibliothek. Fkf. u. Mainz 1771—1775.
194.* Mord, der neue, oder Geschichte Pokelins. Übersetzt von Herrn von B. 2 Tle. Lpz. 1775.
— Müchler, J. G. Ph. Vergl. Paterson.
— Müller, J. G. Vergl. Bürger, der von Cond. und Ring.
195.** Mündel, das unbehutsame. Eine Erzählung von einem Frauenzimmer. Lpz. 1778.
196. Musaeus, J. K. A.: Physiognomische Reisen. Altenburg 1778, 1779, 1781, 1788, 1803.

197.** Museum, brittisches, oder Anweisung zur angenehmen Lectüre. Lpz. 1774.
198. Nachtmütze, die fricassirte. Eine komische Erzählung in 4 Büchern. Fkf. u. Lpz. 1776.
199.* Naquer de Vouilour, Mad.: Erzählungen. 3 Tle. Lpz. 1775.
200. Nicolai, Ch. F.: Freuden des jungen Werther. Berl. 1775. Amsterdam 1777.
201.† — Leben und Meinungen des Herrn Magister Sebaldus Nothanker. Bd. I Berl. u. Stettin 1773, 1774, 1776; Bd. II 1775; Bd. III 1776. 2. Aufl. 3 Bde. 1799, 1814.
202.** Paterson, Samuel: Empfindsame Reise Coriat Juniors durch einen Theil der Niederlande. Übersetzt von J. G. Ph. Müchler. Bützow und Wismar 1774—77.
203.** Pilgrim, der, oder ein Gemählde des Lebens. In Briefen. Lpz. 1775. Vergl. No. 150 Klausing.
— Pistorius, H. A. Vergl. Spieren.
204.** Rechtschaffene, der, oder Geschichte des Herrn von Waters. Lpz. 1777.
205.** Redlich Liebenden, die. Lpz. 1778.
206.** Reise, die auf der Landkutsche. Rostock 1776, 1777.
207. Reisen und Begebenheiten verschiedener Personen. Fkf. u. Lpz. 1775.
208.*† Rétif de la Bretonne: Fanchettens Fuss, oder die französische Waise. Hamb. 1770, 1777, 1828.
209. Richey, W.: Charlotte, aus authentischen Quellen herausgegeben. Jena 1778.
210. Ring, der, eine komische Geschichte aus dem Spanischen. Übersetzt von J. G. Müller. Itzehoe u. Hamb. 1777; Göttingen 1788.
211. Rottmann, A. C.: Leiden der jungen Wertherinn. Eisenach 1775.
212.†* Rousseau, J. J.: Heloïse, die neue, oder Briefe zweier Liebenden. Neue, verbesserte Auflage. Lpz. 1775.
213.† Saal, J. H.: Abendzeitvertreib in verschiedenen Erzählungen. Lpz. 1757—77.
214. Sagar, Maria, Anna: Karolinens Tagebuch ohne ausserordentliche Handlungen, oder gerade soviel als gar keine. Prag 1774.
215. — Die verwechselten Töchter. Prag 1774.
216. Sattler, J. P.: Friederike, oder die Husarenbeute. Eine deutsche Geschichte. 2 Tle. Nürnberg 1774, 1775, 1776.

217.** Schein, der betrügt, oder die Geschichte der Miss West. Lpz. 1775.
218. Schoepfel, J. W. A.: Martin Flachs. Eine Geschichte des 18. Jahrhunderts. Lpz. 1775—76.
219. — Thomas Imgarten, eine wahre Geschichte. Lpz. 1777.
220.** Schule, die, die beste des Ehestandes, oder die Geschichte des Jacob Jessamy und Jenny Jessamy. Von dem Verf. der Geschichte Elisabeth Thongthlen. 3 Tle. Lüneburg 1777.
221.** Schule, die, für Töchter, oder Geschichte der Miss Charlotte Sidney. In Briefen. Lpz. 1775.
222. Schummel, J. G.: Fritzens Reise nach Dessau. Lpz. 1776.
223. Schwager, J. M., Leben und Schicksale des Martin Dickius. Bremen 1775—76.
224. — Leiden des jungen Franken, eines Genies. Minden 1776.
225. Seele, die, der wahren Freundschaft. Regensburg 1778.
226. Seybold, D. Ch.: Hartmann, eine württembergische Klostergeschichte. Herausgegeben von W.*** Lpz. 1778, 1779.
227. — Reitzenstein, die Geschichte eines deutschen Offiziers. Lpz. 1778.
228.** Siehst du dies Weib? Oder Geschichte einer Engländerin. Halle 1776.
229.** Sie that Recht ihn zu heiraten, oder Geschichte der Miss Telworth. Lpz. 1775.
230.** Sie that Unrecht ihn zu heiraten, oder Geschichte der Lady Dunsley. Lpz. 1775.
231.†** Smollet: a) Roderich Randoms Begebenheiten. Übersetzt von J. G. Busch. Hamb. 1754.
— b) Begebenheiten Roderich Randoms. Nach der dritten engl. Ausg. aufs neue übersetzt. Dresden 1774.
232.†** — Humphry Klinkers Reisen. Übersetzt von J. J. Ch. Bode. Lpz. 1772, 1775, 1785.
233.** Spieren, R. von: Leben, Bemerkungen und Meinungen Johann Bunkels, nebst den Leben verschiedener merkwürdiger Frauenzimmer. Übersetzt von H. A. Pistorius. Berl. 1778.
234.** — Ein Mann ehrbaren Standes, Johann Bunkel junior. Lpz. 1778. A. Riesen, Fortsetzung des Lebens und der Meinungen des weltberühmten Johann Bunkel, oder Geschichte einiger Esel. Hamb. u. Lpz. 1782.
235. Staatsperrücke, die. Wien 1774.
236.** Sterne, L: Briefe von Elisa an Yorik. Hamb. 1775.
237.** — Briefe von Sterne an seine Freundin nebst der Geschichte eines Überrocks. Hamb. 1775.

238.** Sterne, L: Elisens ächte Briefe an Yorik. Lpz. 1775.
239.** — Tristram Shandis Leben und Meinungen. Übersetzt von J. J. Ch. Bode. Hamb. 1774, 1776, 1777, 1778.
240.** — Yoriks Briefe an Elisa. Übersetzt von J. J. Ch. Bode. Hamb. 1775, 1777.
241.†** — Yoriks empfindsame Reise durch Frankreich und Italien. Übersetzt von J. J. Ch. Bode. Hamb. u. Bremen 1768, 1769, 1770, 1771—75, 1772, 1776. Mannheim 1780. Hamb. 1804.
242. Stetten, Paul von: Briefe eines Frauenzimmers aus dem 15. Jahrhundert. Nach alten Urschriften. Augsburg 1777, 1783, 1793.
243. — Lebensbeschreibungen zur Erweckung und Unterhaltung bürgerlicher Tugend. Augsburg 1778—82.
244.* Steuerrath, der, und sein Präsident, oder Geschichte Ernsts und Sophiens. 2 Tle. Helmstaedt 1778.
245.** Tante, die unverheirathete. Lpz. 1776.
246.** Thomas Ringsbeys Begebenheiten. 3 Tle. Lpz. 1775.
247.† Thümmel, M. A. v.: Wilhelmine, oder der vermählte Pedant. Ein prosaisches, komisches Gedicht. Lpz. 1764, 1766, 1768, 1777, 1811.
248. Thun von: Signe und Habor, oder die Liebe stärker als der Tod. Aus dem Dänischen übersetzt von W. Ernst Christiani. Lpz. 1778.
249. Titel, der, ohne Buch. Magdeb. 1774.
250.** Tochter, die, eine Geschichte. Lpz. 1776.
251.* Tod, der, eines ehrlichen Mannes. Altenb. 1778.
252. Trey und Asmann, eine wahre Geschichte. Lpz. 1775.
253. Unschuld, die triumphierende, oder der offenbarlich bestrafte Meuchelmord, oder chinesische Geschichte kurioser Rechtsfälle. 2 Bde. Lpz. 1775.
254. Unschuld, die verkannte, oder der lasterhafte Sohn. Fkf. 1778.
255.* Ussieux: Die armenischen Prinzen. Eine Erzählung. Wien 1778.
256.** Vater, der eigensinnige, in der Geschichte des Herrn Mutabile. 2 Tle. Lpz. 1776.
257.** Vater, der zärtliche. Lübeck 1776.
258.†*·** Vergnügen, das, auf dem Kanapee in moralischen Erzählungen. Aus dem Engl. und Franz. übersetzt von J. G. Gellius. Lpz. 1767—79.
259.* Vertraulichkeit, die verrathene. Lpz. 1778.

260.** Vezire, die, oder das bezauberte Labyrinth. Eine morgenländische Geschichte. Lpz. 1775.
261.†* Voltaire: Candide. Neu übersetzt. Berl. 1778.
262.** Vormund, der Irländische. Übersetzt von J. G. Gellius. Lpz. 1776.
263. Wagner, Heinrich, Leopold: Confiscable Erzählungen. Wien bei der Büchercensur. Giessen 1774.
264. — Leben und Tod Sebastian Silligs. Eine deutsche, vaterländische Geschichte. Lpz. 1776.
265. Wahrheitssager, der, oder Begebenheiten des Herrn von Fillerville. Eine wahre Geschichte von einem Lügner. 2 Tle. Lübeck 1774.
266. Waller und Natalie, eine Geschichte in Briefen. Wesenb. 1778.
267. Warnecke: Wahre Geschichte eines verlorenen und wiedergefundenen Knaben. Braunschweig u. Wolffenb. 1776.
— Warton. Vergl. Hawkesworth.
268.** Weg, der, ihm zu gefallen, oder die Geschichte der Lady Sedley. 2 Tle. Lpz. 1774.
269.** Weg, der, ihn zu verlieren, oder die Geschichte der Miss Windham. Lpz. 1774.
270.** Wegen der Tugend. Altenb. 1776.
271. Wezel, Joh. Karl: Belphegor, die wahrscheinlichste Geschichte unter der Sonne. Aus einer lateinischen Handschrift des Ralfs übersetzt. Lpz. 1776.
272. — a) Ehestandsgeschichte des Herrn Philipp Peter Marks. Von ihm selbst abgefasst. Teut. Merk. 1776.
b) Die wilde Betty, eine Ehestandsgeschichte. Lpz. 1779.
c) Peter Marks und die wilde Betty, zwei Ehestandsgeschichten. Lpz. 1779.
273. — Euphron, eine Erzählung aus dem Keramonischen. Fkf. u. Lpz. 1776.
274.† — Lebensgeschichte Tobias Knauts des Weisen, sonst der Stammler genannt. Aus Familienpapieren gesammelt. 2 Tle. Lpz. 1773—76, 1777.
275.* Widerwärtigkeiten, die, der jungen Emilie. Lpz. 1778.
276. Wieland, Ch. M.: Die Abderiten, eine sehr wahrscheinliche Geschichte. Deutscher Merk. 1774, 1778, 1779, 1780. Weimar 1774, 1776. Lpz. 1781.
277. Wild, Franz: Geschichte von dem Triumph der Mildthätigkeit. 2 Tle. Breslau 1776.

278. Wilhelm und Louise, eine Geschichte in Originalbriefen. Altenburg 1777, 1778.
279.** Withing, Miss, oder das kurzweilige Mädchen. Eine Frühlingsbegebenheit. Lpz. 1776.
280.** Young, Arthur: Heimatliche Reisen durch England. Lpz. 1775.
281. Zachariae, Fr. W.: Tayti, oder die glückseligen Inseln. Braunschweig 1777.
282.** Zeange: Neue amerikanische Erzählungen. Lpz. 1776.

---

283. Die Leiden des jungen Werthers. 1—2 Tl. Lpz. 1774, Lpz. 1775 in drei Drucken. Leiden des jungen Werthers. Von Goethe. Lpz. 1787 in vier Drucken, 1825, 1832, 1834, 1852, 1865, 1868, 1869, 1874. Nachdrucke: Fkf. u. Lpz. 1775, Freistadt 1775, zwei Drucke; Schaffhausen 1775, Bern 1775, Strassburg und Hanau 1775; Hanau u. Düsseldorf 1775; Frkfurt o. J., Walheim 1777; Carlsruh 1778, 1787; Fkf. u. Lpz. 1778, 1785, 1795; Reutlingen 1785.

Wilhelm Meisters Lehrjahre. Ein Roman. Herausgegeben von Goethe. Bd. I Berl. 1795; Bd. II Berl. 1795; III. Bd. 1795, IV. Bd. 1796; Tübingen 1806, Stuttgart u. Tüb. 1816, 1836, 1876. Nachdrucke: Mannh. 1801, Paris 1840.

Kapitel II.

Die Romane und ihre Verfasser.

Dieses Verzeichnis beweist zunächst, dass die so oft wiederholte Klage über die ungebührlich anwachsende Flut der Romanlitteratur der siebziger Jahre des vorigen Jahrhunderts etwas übertrieben ist. Es sind in fünf Jahren 283 Romane in Deutschland gedruckt worden; es kommen auf das Jahr durchschnittlich nur 56 Romane. Etwas mehr als ein Siebentel dieser 283 Werke ist vor 1774 bereits zum ersten Mal erschienen, oder hatte zu erscheinen begonnen, und fast genau dieselbe Zahl von Romanen erlebte nach 1774 noch neue Auflagen.

Beinahe die Hälfte der 283 Romantitel, nämlich 154, führen deutsche Originalromane auf, 87 Romane, d. i. ungefähr ein Drittel der Gesamtsumme, sind aus dem Englischen übersetzt, 36 Romane, also nur annähernd ein Siebentel der Gesamtsumme, sind französischen Ursprungs. Vier Romane sind aus dem Spanischen, je einer aus dem Italienischen, Dänischen und Schwedischen übersetzt. Freilich giebt die Gesamtsumme der hier aufgeführten Zahlen statt 283 die Zahl 284, aber dieser vermeintliche Fehler erklärt sich dadurch, dass No. 258, eine Sammlung englischer und französischer Romane, unter beiden Rubriken gezählt werden musste. Aber auch sonst mögen diese Zahlen nicht ganz zutreffend sein und zwar im Verhältnis des englischen Romans zum deutschen; denn die ungeheure Beliebtheit, deren sich damals der englische Roman erfreute, mag manchen Autor dazu bestimmt haben, die deutsche Herkunft seines Geisteskindes durch den Zusatz »aus dem Englischen übersetzt« zu verdunkeln, während andererseits die zunehmende Kenntnis der englischen Romanlitteratur Schriftsteller von geringerem Ehrgefühl zu grösseren oder geringeren Anleihen bei dem englischen Romanschatz bewog. Aber da eine gründliche Scheidung des beiderseitigen Eigentums bei der Obskurität und

Verschollenheit dieser Romane jetzt nicht mehr durchführbar ist, müssen wir im Grossen und Ganzen den Behauptungen der Titel Glauben schenken.

Danach überwiegt die Zahl der deutschen Original-Romane die der Übersetzungen in allen fünf Jahrgängen; die Übersetzungen aus dem Englischen sind ebenso in allen Jahrgängen zahlreicher als die Übersetzungen aus dem Französischen, wie das ja schon die absoluten Zahlen dieser drei Kategorien (154, 87, 36) wahrscheinlich machen.

Innerhalb dieser Grenzen zeigen sich symptomische Schwankungen. Der deutsche Roman erreicht 1774 seine höchste Ziffer; die Zahl fällt in den folgenden Jahrgängen und steigt in den beiden letzten Jahren wieder höher, aber ohne die Ziffer von 1774 zu erreichen. Bei den Übersetzungen verringert sich die Zahl des englischen Romans von Jahr zu Jahr, während der französische Roman mit jedem Jahre an Zahl zunimmt. Desto verwunderlicher ist es, dass die Verhältnisse der neuen Auflagen nicht zu Gunsten einer steigenden Beliebtheit des französischen Romans sprechen. Denn während von diesen Übersetzungen vor 1774 bereits sieben in erster Auflage vorhanden waren, konnten nach 1774 nur vier von ihnen weiter aufgelegt werden, wogegen der englische Roman sich in dieser Hinsicht ziemlich gleich bleibt; denn sieben Romane sind bereits vor 1774 ein oder mehrere Male erschienen, und acht erlebten noch nach 1774 neue Auflagen.

Sind es bei den ausländischen Romanen nur wenige, die dem Schicksal der Eintagsfliegen entgehen, so gestaltet sich das Verhältnis beim deutschen Roman weit günstiger. Die Anzahl der Bestand zeigenden Werke wächst in den fünf Jahren. Von den 26 früher schon erschienenen oder begonnenen Werken bestehen 8 in Romansammlungen, die sich über viele Jahre hin erstrecken und füglich hier ausser Betracht gelassen werden können. Während also 18 Romane nur Neuauflagen sind, erleben 26 Romane noch nach 1774 weitere Auflagen. Der italienische, schwedische und dänische Roman verschwindet nach seinem Erscheinen wieder, wogegen der spanische Roman sich zäher erweist. Von den vier Übersetzungen sind zwei schon vor 1774 einmal verlegt, und drei brachten es zu neuen Auflagen.

Die Leipziger Messkataloge zeigen mit geringen Ausnahmen die neu erscheinenden und erschienenen Romane anonym an. Erst nach und nach nannten sich einige Schriftsteller auf Titelblättern und Anzeigen, andere wurden in Rezensionen entlarvt, andere ermittelte die wissenschaftliche Forschung. Aber nur bei einem verhältnismässig geringen Bruchteil ist der Name zu Tage gefördert; teils schien es sich den Forschern der Mühe nicht zu lohnen, diese in so vieler Hinsicht wertlosen Erzeugnisse des Tagesbedürfnisses sorgfältig zu untersuchen, teils entzogen die Bücher sich selbst der Prüfung, indem sie, in Privatbesitz verzettelt, spurlos verloren gingen.

Nur 83 Verfassernamen, die zu 115 Romanen gehören, liessen sich auffinden, also noch nicht einmal die Hälfte der in Kapitel I aufgezählten 283 Romane sind der Anonymität entrissen, und zwar gelang es hauptsächlich bei den deutschen Romanen, denn von den ausländischen Romanschreibern waren nur 16 englische,[1]) 10 französische,[2]) 1 spanischer[3]) und 1 dänischer[4]) mit Namen aufzufinden. Bei den deutschen Romanen sind von 12 Schriftstellern[5]) wenig mehr als der Name, aber von 43 Verfassern auch das Wesentliche ihrer Lebensumstände ermittelt. Diese Daten sind für die Gewinnung eines Einteilungsprinzips nicht wertlos, denn das Geburtsjahr, die Heimat, der Bildungsgang, der Stand und der Umgangskreis des Dichters werden ihm in der Regel eine bestimmte Stellung zu den Zeitidealen anweisen. Man wird nicht fehlgehen, wenn man Hallers und noch Lessings Altersgenossen einem älteren Ideal sich ergeben denkt, wogegen sich die Alters- und Umgangsgenossen Goethes grösstenteils zur Fahne des neuen Ideals bekannt haben werden.

Der älteste der hierher gehörigen Romanverfasser, Joh. Michael von Loën,[6]) ist 1694 in Frankfurt a. M. geboren; sein »Redlicher Mann am Hofe« (Nr. 176),[7]) der 1760 und 1778 wieder abgedruckt

---

[1]) Dickinson, Fielding, Goldsmith, Griffith, Hamilton, Hawkesworth, Loangswoord, Lorook, Mackenzie, Paterson, Smollet, Spieren, Sterne, Warton.

[2]) Arnaud, Argens, M. le Prince de Beaumont, Diderot, Imbert, Le Sage, Marivaux, Naquer de Vouilour, Rétif de la Bretonne, Ussieux, Voltaire.

[3]) Cervantes.

[4]) Kammerherr v. Thun.

[5]) J. L. Benzler [Neue allg. Bibliothek Bd. 82, St. 1 S. 200]. — Herder an Hamann (O. Hoffmanns Ausg., Berl. 1889) 24. Aug. 1776, 29. Dezbr. 1778, Goedeke IV² 46, 221, 60], G. W. Berisch, Adam Beuvius [Good. IV² 216, 41], Bretschneider [Gervinus Litt. Gesch. V⁵ 189], J. L. C. Fresenius, Dietrich Karl Hilter, Johann Adam Gotthart Kirsten [Good. IV² 220 f.], A. E. Klausing, Konrad Friedrich Köhler, W. Richey, G. L. Warnecke, Franz Wild.

[6]) Goedeke, Grundriss III² 348, 10.

[7]) Die in Klammern gesetzten Zahlen weisen auf das in Kap. 1 stehende Romanverzeichnis hin.

wurde, erschien zuerst 1740. Loën hat also keinesfalls damals schon den Einfluss der Engländer[1]) oder Rousseaus[2]) erfahren haben können, und gehört daher mit seiner Geistesrichtung noch nicht zu einem der hier ins Gewicht fallenden Ideale. Auch der 1708 geborene Haller, dessen Usong (Nr. 126) 1774 und 1776 neu aufgelegt wurde und dessen Fabius und Cato (Nr. 125) 1774 zum ersten Mal erschien, ist der neuen Richtung noch völlig fremd. Hingegen zeigt schon der Titel eines Romans, den der Ackermann'sche Theaterdichter Joh. Chr. Bock[3]) veröffentlichte: Geschichte eines empfundenen Tages (Nr. 35) die Einwirkung von Bodes Yorik-Übersetzung. Bock ist 1724 geboren. Auch der gleichaltrige J. G. Th. Müchler, ein Bekannter Lessings[4]) und Kenner des Englischen[4]), trat zwar nicht in einem selbständigen »empfindsamen Roman« auf, übersetzte aber Coriat Juniors empfindsame Reise (Nr. 202). Zwei Jahre jünger ist Christian Heinrich Korn[5]), dessen Abendlust im Prater zu Wien (Nr. 154) entschieden Richardsonschen Einfluss aufweist. Noch viel deutlicher zeigt sich Richardsons Bestreben, Seelenschilderungen den Vorzug vor Handlungen zu geben, bei Maria Anna Sagar, die erst als siebenundvierzigjährige Frau nach herben Lebensschicksalen[6]) im Jahre 1774 ihren ersten Roman (Nr. 214) verfasste, und die im Titel des zweiten (Nr. 215) geradezu mit der Handlungslosigkeit der Erzählung zu prahlen sucht. Von J. G. Busch, der 1754 bereits den Roderich Random (Nr. 231a) übersetzte, weiss man kaum mehr, als dass er von 1728 bis 1760 lebte.[7]) Ihm steht im Alter J. J. Ch. Bode am nächsten.

---

[1]) Die Reihenfolge der Übersetzungen der berühmtesten englischen Romane ist folgende:
    1743: Richardsons Pamela.
    1746: Fieldings Jos. Andrews.
    1748—52: Richardsons Clarissa.
    1750: Fieldings Tom Jones.
    1753: Fieldings Amalia.
    1754: Richardsons Grandison.
    1754: Smollets Roderich Random.
    1756: Smollets Peregrine Pickel.
    1759—67: Sternes Tristram Shandy.
[2]) Die Neue Heloïse ward 1761 übersetzt.
[3]) Goedecke IV² 217, 46; 243. — Koberstein IV⁵ 190, 191, 193. — Gervinus, IV⁵ 440.
[4]) Erich Schmidt, Vierteljahrschr. II 274.
[5]) Goedecke IV² 214, 33.
[6]) Goedecke IV² 216, 42.
[7]) Goedecke IV² 210, 14.

Die Geschichte seines merkwürdigen Lebens, seiner Beziehungen zu Lessing, und die daraus entspringende Übersetzungsthätigkeit (Nr. 121a, 128, 232, 239, 240, 241), die von Lessing erfundene, von Bode übernommene Bezeichnung empfindsam — das Alles sind Jedem geläufige Dinge. Bodes eigene Produktion beschränkt sich lediglich auf eigenmächtige Veränderungen seiner Originale; besonders in der zweiten Hälfte von Yoriks Reise hat er sich erhebliche Abweichungen erlaubt. Hier schob er nicht nur den Engländern deutsche Sitten und satyrische Ausfälle auf deutsche Schriftsteller und eine Menge deutscher Wortspiele unter, sondern er fügte auch die »das Hündchen« überschriebene Erzählung hinzu.[1]) Herder fühlte sich durch diese Eigenmächtigkeit des Übersetzers verletzt,[2]) während Anderen gerade »die Stellen, wo er selbst redet« besonders gut gefielen.[3]) Trotzdem Bode zur Schwärmerei der Empfindsamkeit in Deutschland so viel beigetragen hat, und z. B. auch selbst einer der eifrigsten Freimaurer[3]) war, gehörte er doch zu den Parteigängern der gesunden Vernunft.[4]) Ebenfalls Übersetzer ist Bodes Altersgenosse, der Pfarrer Herrmann Andreas Pistorius[5]) (Nr. 233). In demselben Jahre 1730 wurde auch Sophie La Roche geboren. Sie steht in ihren Schriften völlig auf dem Boden der immer weichlicher und weibischer werdenden moralischen Entsagungstheorie. Der Roman von ihr, der hierher gehört (Nr. 159), Rosaliens freundschaftliche Frauenzimmer-Briefe, hat Goethes Interesse mehr in Anspruch genommen, als die anderen Romane seiner mütterlichen Freundin; Goethe teilt der Dichterin seine Ansicht über die Komposition und das Fortschreiten dieser Briefe wiederholt mit.[6]) Die bürgerliche Tugend betont auch Paul

---

[1]) Jördens, Schriftsteller-Lexikon I 115 ff.
[2]) Herder an Hamann (O. Hoffmann, Berl. 1889) am 21. Juli 1773.
[3]) Scherer, Litt. Gesch. 527.
[4]) Gervinus V 194.
[5]) Goedecke IV² 210, 15.
[6]) Goethes Werke, Weimar. Ausg. IV 2, 142, 5—8. Brief Goethes an Sophie La Roche Ende Januar 1774: »Gestern Abend las ich Rosaliens Zusammenkunft mit der armen Henriette, Sie ist herrlich rührend, aber der Eintritt ist wahrhaft gross.«

Ebenda IV 2, 147, 8—21. Februar 1774: »So ist zum Exempel die Apotheose Brechters im zweyten Briefe evident zu früh. Der Altar muss erst gebaut, geziert und geweiht sein eh die Reliquien hineinverwahrt werden, und ich wünschte die ganze Stelle erst weiter hinten, wenn der Charackter und der Sinn Rosaliens sich mehr entfaltet haben, eingepflanzt zu sehen, wie ich denn auch mit der süsen Melankolie von verirrter Empfindung, die den ersten Brief füllt

v. Stetten, der sich aber auf dieses Feld nicht beschränkt, und neben seinen Erzählungen zur Erweckung und Unterhaltung bürgerlicher Tugend (243) in einem anderen Roman aus der Gegenwart um 300 Jahre zurückgreift. Stetten[1]) war als dreiundzwanzigjähriger Jüngling 1754 nach seiner Vaterstadt Augsburg zurückgekehrt, nachdem er sich auf Universitäten und Reisen gebildet hatte. Neben verschiedenen juristischen Ämtern, die ihn von Stufe zu Stufe hoben, ward seiner Obhut schon gleich bei seiner Heimkehr das reichsstädtische Archiv anvertraut. Hier fand er die Manuskripte, nach denen er die Briefe eines Frauenzimmers aus dem XV. Jahrhundert (Nr. 242) herausgab; wie denn auch seine, sich in anderen Schriften kundgebende Liebe zum Mittelalter, aus den im Archiv gesammelten Kenntnissen herzuleiten ist. Aus Dresden stammt der 1732 geborene Johann Gottfried Gellius.[2]) Während seine Übersetzung eines englischen Romans (Nr. 262) und seine Sammlung englischer und französischer Geschichten (Nr. 258) ihn unter die »moralischen« Schriftsteller weist, tritt er als Übersetzer der historischen Erzählungen Arnauds (Nr. 13) in die Reihe der historischen Schriftsteller.

Nicolai (Nr. 200, 201) und Wieland (Nr. 276) die 1733, Musaeus (Nr. 196), der 1735, Hermes (Nr. 133) und Thümmel (Nr. 247), die 1738 geboren sind, haben in der Litteraturgeschichte längst ihre sicher gezeichnete Physiognomie erhalten. Johann Moritz Schwager, der selbst sein Leben beschrieb,[3]) ist so alt wie Hermes und Thümmel. Seine Romane (Nr. 223 und 224) halten zwischen dem älteren und neueren Einfluss die Mitte.

Die bisher aufgeführten Schriftsteller standen ums Jahr 1774 sämtlich schon in einem Alter, in dem man neuen Einflüssen sich nicht mehr willig hinzugeben pflegt. Die Männer des nächsten Jahrzehnts sehen wir schon leichter geneigt, zu der neuen Schule Stellung zu nehmen.

Ernst Aug. Ant. v. Goechhausen, 1740 in Weimar geboren, ist durch sein Buch M. R. (Nr. 120) bekannt geworden. Ob die Buchstaben »meine Reisen« oder »meine Randglossen« oder vielleicht noch etwas anderes bedeuten sollen, ist ungewiss. Nicolai

---

das Ganze gewürzt sehn möchte, und Sie bitte wenn es nicht zu sehr ausser der Stimmung Ihres Vorsazes liegt, die ersten Briefe mit ganz simplem Detail wo Gefühl und Geist nur durchscheint zu eröffnen.«

[1]) Goedecke IV² 210 f.
[2]) Goedecke IV² 213, 31.
[3]) Goedecke IV² 217, 44.

schrieb den Aufsehen erregenden Roman »einem gewissen Herrn von Greissheim« zu.[1]) Goechhausens anderer hierher gehöriger Roman Antoinette (Nr. 118), wie seine übrigen Schriften zeigen ihn als Anhänger Wielands und als Gegner des Genie-Wesens.

Sein Altersgenosse Georg Heinrich Feder,[2]) der Schüler des Wolffianers Succow, der Freund Schubarts, legte seine Erfahrungen als Hauslehrer in einer Freiherrlichen Familie[3]) in dem neuen Emil (Nr. 68) nieder und bewies sich darin als Kenner Rousseaus. Heinrich Stilling ist wie Feder 1740 geboren. Sein autobiographischer Roman (Nr. 146—148) hat eine entschieden pragmatische, lehrhafte Tendenz. In dem sich immer wieder stark hervordrängenden Selbstbewusstsein, in seinem rührenden Vertrauen auf eine unmittelbare göttliche Obhut und seiner auf religiösem Gebiet wenigstens hervortretenden Herzensverzärtelung steht er dem Miller'schen Siegwart nicht fern.

Im folgenden Jahre sind Hippel (Nr. 135) und Merck geboren; beide gehören einer entschieden sentimentalen Richtung an; aber während Hippel sich in den Errungenschaften der Kultur geradezu berauscht, predigt Merck (Nr. 187—189) von der Glückseligkeit einer rückhaltlosen Flucht zur einfachen Natur. Der 1773 geborene Jacobi bildet einen vollen Gegensatz zu dem gelassenen Naturschwärmer Merck; sein Allwill (Nr. 141) sowohl als sein Woldemar (Nr. 142) sind Typen dämonischer Genie-Naturen. J. G. Müller,[4]) ein Verfechter der »vernünftigen Aufklärung«, kommt hier nur als Übersetzer aus dem Spanischen (Nr. 41, 210) in Betracht; seine übrigen Werke gehören nicht hierher.

Im Jahre 1744 sind Blankenburg und Hopffgarten, zwei grundverschiedene Schriftsteller, geboren. Christian Friedrich v. Blankenburg[5]) war ein naher Verwandter Chr. Ew. v. Kleists, und verband wie dieser mit dem Waffenhandwerk das eifrigste Studium der schönen Wissenschaften. Die Vorliebe hierfür und Kränklichkeit liessen den 33jährigen Hauptmann den Abschied vom Militär fordern, der nun in Leipzig hauptsächlich im Verkehr mit Weisse lebte.[6]) Während sein Buch über den Roman, seine Rezensionen,

---

[1]) R. M. Werner, Academ. Blätter, Braunschweig 1884, S. 274.
[2]) Goedecke IV² 180 f.
[3]) Allgem. deutsche Biogr. VI 595 ff.
[4]) Nach Jördens III 721, im Jahre 1744, nach Goedecke IV² 354 f. im Jahre 1743 geboren.
[5]) Jördens I 87 ff.
[6]) Minor: Ch. F. Weisse. Innsbruck 1880. S. 248, 260, 312, 313, 323, 324, 358, 359.

besonders auch die über den Werther¹) volle und verdiente Anerkennung fanden, konnte von seinem Roman: »Beiträge zur Geschichte teutschen Reichs und teutscher Sitten« (Nr. 34) nur der erste der geplanten Bände erscheinen, da man dieses ungehobelte Bekehrungswerk des Adels weder in den Kreisen, auf die es gemünzt war, noch in denen, die scheel auf den Adel sahen, lesen mochte. Und mit Recht! ein grösserer Unterschied zwischen Theorie und Praxis ein und desselben Schriftstellers ist kaum bei einem Anderen zu finden.

Ludwig Friedrich von Hopffgarten²) ist dagegen Vertreter einer feineren Art von Satyre. Seine Romane (Nr. 136 – 140) ruhen meist auf Wielands französierender Manier. In die Gefilde einer idealen Unschuldswelt führt uns E. Th. Joh. Brückner³) (Nr. 40). Er ist 1746 in Mecklenburg geboren, studierte in Halle Theologie und ward 1772 in den Hainbund aufgenommen, in dem er sich mehr zu den schwärmerischen Lyrikern als zu den revolutionären, in den Ideen an Tyrannenmord schwelgenden Freiheitssängern hielt.

Fünf Schriftsteller stammen aus dem Jahre 1747. J. F. Bertuch, der Begründer der Jenaer allgemeinen Litteraturzeitung und des ersten deutschen Modejournals, gehört als Übersetzer aus dem Spanischen hierher; neben dem belangloseren Gerundio de Campazas (Nr. 102a) übertrug er das für unsere deutsche Litteratur wichtigste spanische Buch, den Don Quixote (Nr. 42), dem durch Bertuchs Übersetzung erst die Siegeslaufbahn in Deutschland begründet wurde. Johann Paul Sattler aus Nürnberg blieb von der neuen Richtung fast unberührt. Sein Roman: Friederike oder die Husarenbeute (Nr. 216) läuft noch ganz im Geleise der moralisierenden Familienromane.

D. Th. Seybolt,⁴) der zuerst in Jena Professor der Philologie und nach zwanzigjähriger Schulpraxis Professor in Tübingen wurde, machte sich zuerst durch die »Predigten des Herrn Sebaldus Nothanker« bekannt. Die merkwürdigen Jugendschicksale des Barden Telynhard, wie der Professor Gottlieb David Hartmann von Kretschmann in einer Ode getauft war,⁵) dienten ihm zu seinem Roman: Hartmann, eine württembergische Klostergeschichte (No. 226) als Anregung und Stoff. Heinrich Leopold Wagner (No. 263 und 264)

---

¹) Minor an a. O. S. 337.
²) Goedecke IV² 216, 39.
³) Goedecke IV² 386, 11.
⁴) Goedecke IV² 218, 51.
⁵) Göttinger, Musenalmanach 1773 S. 44.

und Joh. Karl Wezel (No. 271—274) sind bekannte Namen aus der Sturm- und Drangperiode. Der unglückliche Wezel stellt sich als entschiedener Schüler sowohl Sternes als Voltaires dar.¹) Wenn auch seine Romane stets abnorme Sonderlinge zum Helden haben, so schweben sie doch in höchst spiessbürgerlicher Sphäre.²) Sein **Tobias Knaut** machte einiges Aufsehen. Schubart schrieb ihn dem sich nicht wenig darüber entrüstenden Wieland, Hamann gar seinem Schüler Herder zu!

J. S. Schummel³) ist 1740 geboren. In Halle studierte er besonders die Wolffsche Philosophie, dann ging er mit einer Schauspielergesellschaft durch. Bald aber trat er ins bürgerliche Leben zurück und ward Lehrer in Magdeburg, dann in Liegnitz und starb als Lehrer in Breslau. Sein Roman Fritzens Reise nach Dessau (Nr. 222) ist ein Abkömmling seiner empfindsamen Reisen, deren zweiter Teil durch Goethes Rezension in dem Fkf. Gel. Anz. so übel abgefertigt wurde.⁴) Die Aussprüche Goethes über die Laïdion (Nr. 129) seines Altersgenossen J. J. W. Heinse sind sehr oft abgedruckt und daher allbekannt.⁵)

Verficht Heinse in diesem, die Schule Wielands und Rousseaus verratenden Roman die Freiheit des Genusses gegenüber der bestehenden Moral, so ergeht sich der um ein Jahr jüngere Martin Miller (Nr. 190, 191) in lehrhafter und erbaulicher Schwärmerei tugendhafter Liebe, und in dem bekannten Thränenreichtum des Siegwartfiebers. Ihm steht sein Landsmann, der 1751 geborene Jacob Friedrich von Abel (Nr. 1) in Gesinnung und Anschauung nah.

In demselben Jahr ist Lenz geboren. Sein phantastischer Roman der Poet⁶) ist nur in den Anfängen vorhanden. Während er später im Waldbruder sich als lebensvollster Werther-Nachahmer zeigt, weist er im Landprediger (Nr. 167) auf eine Richtung hin, die Zschokke zu einem gewissen Höhepunkte brachte. Im Zerbin (Nr. 168) hingegen spricht ganz der Verfasser des Hofmeisters zu uns. Klingers Roman Orpheus (Nr. 151) hält an dem durch fast

---

¹) Schnorrs Archiv XIV 172—84.
²) Gervinus V⁴ 225—27.
³) Goedecke IV² 110, 17. 215, 37.
⁴) Goethes Werke, letzter H. 1830. XXXIII. S. 32 f.
⁵) Goethes Werke. Weim. Ausg. IV Bd. II 169, 9—12 (16. Juni 1774); 170, 12—18 (Juni 1774) u. Anm. S. 323 Nr. 230; 176, 19—24 (4. Juli 1774). F. H. Jacobis auserlesener Briefwechsel. Düsseldorf 1775. I 213. 28. März. Warum Hettner III 293 die Laïdion ein Gedicht nennt, da sie doch ein Prosaroman mit eingestreuten Versen ist, weiss ich nicht.
⁶) Weinhold: Goethe-Jahrb. 1889 X 46, 89.

alle Klinger'schen Romane¹) hindurchgehenden Riss zwischen **Ideal und Welt, Herz und Verstand, Enthusiasmus und Kälte** fest: »Habe zeither«, schreibt der Verfasser an Heinse²), »die Geschichte des neuen Orpheus geschrieben, die Du zur Zeit lesen sollst. Ist aber nicht musikalisch, hat auch keine Euridice. Wird aber doch von den Weibern zerrissen und das darum, weil er die Weiber reizt, und doch das nicht hat, was ihnen Genüge ist.« Klinger war 1752 geboren.

Joh. Wolf. Andreas Schöpfel³) ist ebenso alt wie er, gehört aber weit eher zur aufklärerischen Richtung, als ins Lager des Sturmes und Dranges.

Die jüngsten der im Verzeichnis aufgeführten Verfasser sind der 1753 geborene Meissner und der um ein Jahr jüngere J. K. D. Curio. Meissner ist durch seine Skizzen (Nr. 186) nicht nur seiner Zeit der gesuchteste Mitarbeiter der meisten Zeitschriften gewesen, sondern er behauptet auch durch seine Begründung eines ganz neuen litterarischen Zweiges einen hervorragenden Platz in der deutschen Litteraturgeschichte. Curio war erst 20 Jahr alt, als sein Erstlingswerk, der Roman Elise und Lindor (Nr. 47), erschien. Er hat sich als Romanschreiber nicht sehr fruchtbar erwiesen, denn ein zweiter Roman, Carl Sievers (Nr. 48), ist nur im ersten Teil von ihm, die Fortsetzung schrieb der federfertigere F. L. Epheu.⁴) Später that sich Curio als Bühnendichter hervor.

---

¹) Gervinus IV⁵ 663.
²) Schnorrs Archiv X 44.
³) Goedecke IV⁷ 218, 47.
⁴) Goedecke IV⁷ 220, 57.

Kapitel III.

Die Einteilung der Romane.

Der bestimmende Einfluss, den Richardson, Sterne, Fielding, Goldsmith und Rousseau auf die Entwickelung des deutschen Romans seit der Mitte des achtzehnten Jahrhunderts ausübten, ist schon, als er in der Blüte seiner Wirksamkeit stand, von Gellert, Lessing, Wieland, Herder und Goethe richtig erkannt worden; die spätere Litteraturgeschichtsforschung hat ihn oft festgestellt und treffend beleuchtet.[1]) Man hat aus diesem Einfluss die drei bekannten Hauptströmungen abgeleitet: den moralischen Familienroman, an den sich in Deutschland die Namen Gellert, Pfeil, Hermes, La Roche u. s. w. knüpfen, den Roman der Stürmer und Dränger und den humoristischen Roman.

Dieser unter verschiedenen Namen immer wiederkehrenden Dreiteilung scheint mir kein einheitliches Prinzip zu Grunde zu liegen, und vor allem kommt der humoristische Roman dabei zu kurz. Denn während bei den Richardsonaden und der Gefolgschaft der neuen Heloïse auf das innerste Wesen der Richtung Bedacht genommen ist, weist die Bezeichnung der komische, der humoristische Roman doch statt auf das eigentliche Wesen dieser Gruppe, auf die Stimmung und den Ton der in ihr geltenden Darstellungsweise hin; und darin liegt auch als Konsequenz der zweite Mangel, dass man die Romane Swifts und Fieldings, Sternes und Goldsmiths, von Hippel und Wieland, von Nicolai und Musäus, von Thümmel und Blankenburg, die ihrem inneren Wesen nach so sehr von einander abweichen, nur weil sie alle in satyrisches Gewand gehüllt sind, als eine einheitliche Gruppe betrachten soll.

---

[1]) Vergl. ausser den Geschichten der gesamten deutschen Nationallitteratur Hettner: Literaturgeschichte des 18. Jahrhunderts. — Erich Schmidt: Richardson, Rousseau und Goethe, Jena 1875. — M. Koch: Über die Beziehungen der englischen Litteratur zur deutschen im 18. Jahrhundert, Lpz. 1883.

Gerechter kann man, wie ich glaube, auch dem humoristischen Roman werden, wenn man die ganze Masse der Romane in **zwei Hauptabteilungen** scheidet, welche die beiden sich einander ablösenden Ideale verkörpern, und somit auch die im humoristischen Roman zu Tage tretenden Tendenzen umfasst; denn ich vermag nur zwei Ideale in den **Romanen von 1774—78** zu erkennen: **das Ideal der Gelassenheit und das Ideal der Leidenschaft.**

Innerhalb dieser Hauptströmungen lassen sich dann kleinere Gruppen ausscheiden, die ihrerseits auf die besondere Betonung einzelner Seiten dieser Grundideale abzielen.

Wenn in dem Verzeichnis des Kapitel I auch der Name Richardsons nicht vorkommt, so steht er doch gewissermassen hinter den Kulissen, denn die ganze Gruppe des Gelassenheitsromans hängt von ihm ab.

Richardson zeigte sich aber nicht nur in seinen Romanen als Anhänger dieses Gelassenheitsideals, sondern auch in seinem Leben, was mir besonders aus einem Briefe an Lady Bradshaigh hervorzugehen scheint. Diese vornehme Dame war von Richardsons Romanen so entzückt gewesen, dass sie mit dem berühmt werdenden Verfasser einen Briefwechsel begonnen hatte. Nach längerer Zeit sehnte sie sich aber danach, eine persönliche Zusammenkunft herbeizuführen. Man verabredete ein Zusammentreffen in St. James Park, und damit die Lady den Dichter unter der im Park sich ergehenden Menge herausfinden könne, bat sie ihn um ein paar Erkennungsmerkmale. Richardson kam dem Wunsche nach und schrieb:[1] »Fast klein; trotz seiner Schwäche eher stark als mager; etwa fünf Fuss, fünf Zoll gross; eine blonde Perrücke, ein Tuchkleid von heller Farbe, übrigens schwarz; gewöhnlich eine Hand an der Brust, in der anderen ein Rohr, auf welches er sich unter den Schössen seines Kleides oft stützt, dass es ihm zum unmerklichen Beistand diene, wenn ihn Schwindel oder Zittern befällt, dem er, doch dem Himmel sei Dank, nicht so oft als früher unterworfen ist; er sieht scheinbar geradeaus, beobachtet aber alles, was zu beiden Seiten vorgeht, ohne seinen Nacken zu drehen, selten wendet er sich um; sein Teint ist lichtbräunlich; Zähne fehlen ihm noch nicht, sein Gesicht ist sanft, die Wange rot; bisweilen sieht er wie ein Fünfundsechziger aus, oft aber jünger, er hat einen gleichmässigen Gang, der ihn mehr unvermerkt als plötzlich vorwärts bringt; die Augen grau, oft durch Schwindel

---

[1] Hettner. Literaturgeschichte des 18. Jahrhunderts. 4. Aufl. I S. 466.

trübe, bisweilen werden sie lebhaft; sehr lebhaft aber, wenn sich die Hoffnung, eine Dame, die er liebt und ehrt, zu sehen erfüllt; stets sieht er nach den Damen, haben sie sehr breite Kleider, so blickt er zur Erde und runzelt die Brauen, als wollte er weise erscheinen, sieht aber vielleicht um so einfältiger aus; nähert er sich einer Dame, so sieht er nie zuerst ins Gesicht, sondern nach den Füssen und erhebt alsdann den Blick für ein Auge, das nicht lebhaft ist, rasch genug; man könnte glauben, wenn es der Mühe wert wäre auf ihn zu achten, dass er nach der äusseren Erscheinung und nach dem Gesicht der Dame innerlich urteile, wie sie beschaffen sei, und sich dann mit dem nächsten Gegenstand, der ihm aufstösst, beschäftige; nur wenn sie ihm sehr gefällt oder missfällt, sieht er sich um, als wolle er sehen, ob sie ihm von allen Seiten in demselben Licht erscheine.«

Ausser einigen wichtigen Erkennungsmerkmalen und einem galanten Aufschwung gegen die Lady enthält diese Selbstbeschreibung vieles, was über den Rahmen ihres Zwecks weit hinaus geht. Richardson scheint vielmehr ein Bild seines Wesens, seines ins günstige Licht gerückten Wesens, entworfen zu haben, ein Bild, das im Wesentlichen gewiss treu, aber doch ein wenig nach dem Muster des ihm vorschwebenden Idealbildes gemodelt ist.

Alle Züge sind hier beisammen, die sich in seinen und seiner Anhänger Romangestalten oft wiederfinden. Vor allem schreibt er sich ein feuriges Grundnaturell zu, das hauptsächlich zu den Augen herausleuchtet; dem entspricht auch eine trotz vorgeschrittenen Alters gut konservierte Jugendlichkeit. Aber überall blickt das Bestreben hindurch, das männliche Feuer der Natur durch eine wohlanständige Gelassenheit gedämpft zu zeigen. Da hat der Gang nichts Hastiges, sondern er fördert unvermerkt; keine heftigen Bewegungen: die Hand ruhig in der Brust und auf dem Rohr, das Gesicht stetig geradeaus gerichtet. Er sieht alles, aber er zeigt keine Überraschung; nachdenklich betrachtet er seine Umgebung, und wie auffällig sie auch sein mag, nach kurzer Überlegung wendet er sich bedächtig zu neuen beachtenswerten Gegenständen.

Diese beachtenswerten Gegenstände sind aber fast ausschliesslich diejenigen Wesen, deren Beschreibung ihm auch in seinen Romanen am meisten am Herzen liegt: die Frauen. Neben diesem Konkretum fesselte ihn am meisten ein Abstraktum, die Hebung der Sittlichkeit, die er durch seine Schilderungen aus dem Familienleben des Mittelstandes zu erreichen suchte.

Damit brachte Richardson an sich nichts Neues.¹) Gerade in England war durch die Wochenschriften die Beachtung des Familienlebens auf die Tagesordnung gebracht, durch Lillos Kaufmann von London war auf den Mittelstand hingewiesen worden und auch der Sittlichkeitsreaktion hatte das Drama jener Epoche schon vorgearbeitet. Er war aber der erste, der diese drei Gesichtspunkte vereinigte und in seinen Romanen in moralisierender Weise Vorgänge aus dem an äusseren Vorfällen armen, an Gemütsbeziehungen so reichen Leben des Bürgertums schilderte²). Und dem Reaktionsdrama schloss er sich darin eng an, dass er die moralische Seite seiner Romane so stark als möglich betonte. Sein Erstlingswerk Pamela hat den Nebentitel »die belohnte Tugend«. Ja es wurde zu dem ausgesprochenen Zweck geschrieben, »in Familienbriefen nützliche Betrachtungen über Gegenstände des täglichen Lebens«³) anzustellen.

Tendenzromane, und das sind die Richardsons alle, sind ebenso wenig neu, wie die besondere Betonung des Tugendhaften und Moralischen im Roman. Schon Sixt Birken⁴) und Benjamin Neukirch⁵) wollten die »bittre Aloë« moralischer Lehrsätze mit »dem Honig« erfundener Geschichten umgeben wissen, und zärtliche Gemüter durch moralische Romane gleichsam spielend auf den Weg der Tugend leiten. Aber zu einer geschlossenen Gattung von Romanen, denen das Ideal einer besonderen Ausbildung der Moral zu Grunde liegt, brachte man es erst durch Richardsons Anregung.

Wir werden später die Keime noch anderer Gattungen, die wir als Unterabteilungen des Gelassenheitsideals zu betrachten haben, in Richardsonschen Romanen finden; jetzt wollen wir bei der Ausbildung des moralischen Elements verweilen.

Ein Blick auf das Romanverzeichnis in Kapitel I belehrt uns schon über die ungeheure Zahl der Richardsonaden, die das Prinzip der moralischen Belehrung verfolgen. Das Verzeichnis bestätigt Herders Ausspruch vollkommen, dass Richardsons Romane in Deutschland ihre goldene Zeit erlebten.⁶) Wollte ich all' die Romane,

---

¹) Vergl. E. Schmidt a. a. O. — Max Koch a. a. O. S. 23.
²) Hettner a. a. O. I 461 f.
³) Hettner a. a. O. I 467.
⁴) Voransprache zur Aramena S. IV ff. — Koberstein Litt. Gesch. II⁵ 181 Am. 2.
⁵) Neukirch: Herrn von Hoffmannswaldau und anderer Deutscher auserwählte, bisher ungedruckte Gedichte. Bd. I. Fkf. u. Lpz. 1695.
⁶) Herder, Briefe zur Beförderung der Humanität. Siebente Sammlung. Suphans Ausg. XVIII S. 208.

die Anschluss an Richardsons Sittlichkeitstendenz verraten, hier anführen, so müsste ich beinahe ein Drittel der Erscheinungen von 1774—78 hier hersetzen. Fast alle Romane, die im Haupt- oder Nebentitel eine »Geschichte der oder des« aufweisen, sind Nachahmungen Richardsons, und das ist allein schon ein halbes Hundert (Nr. 77—114)! Ich muss mich, schon weil ich der meisten dieser Nachahmungen nicht habhaft werden konnte, mit einer kleinen Auswahl begnügen.

In der Zwischenzeit zwischen dem Erscheinen von Pamela und Clarissa, schrieb Gellert, als Professor der Moral gewiss vor allem dazu berufen, sein wunderliches »Leben der schwedischen Gräfin G.«[1]) Trotzdem man sich wohl kaum eines deutschen Romans entsinnen wird, in dem mehr Verbrechen schwerster Art gegen jede Form der Sittlichkeit zusammengehäuft sind, ist der Roman doch in der bewussten Absicht, einen moralischen Roman zu dichten, von Gellert geschrieben worden. »Die Deutschen hatten,« sagt Cramer in »Gellerts Leben«,[2]) »noch kein Original eines erträglichen moralischen Romanes.... Gellert wollte also einen Versuch machen, ob er diesen so anziehenden Werken des Geschmacks mehr Ernst, mehr Würde und zugleich mehr Nützlichkeit geben könnte, als die gewöhnlichen Romane haben und schrieb 1746 seine Schwedische Gräfin«.

Ebenso deutlich wie bei Gellert ist die Absicht, einen moralischen Roman zu schreiben, bei seinem nächsten Nachfolger, dem Prediger und Lehrer Hermes, ausgesprochen. Schon dessen erster Roman, »Geschichte der Miss Fanny Wilkes«,[3]) bewegte sich im Richardsonschen Fahrwasser. Drei Jahre später erschien die bekannte Sammlung fast aller Kapitel der Moral, »Sophiens Reise von Memel nach Sachsen«.[4])

Es war die erklärte Absicht des lange unbekannt hinter Pseudonymen versteckt gebliebenen Verfassers, »den Roman, der sonst der ärgste Feind der Tugend ist, zur Tugend zu bekehren,« und an der lang ausgesponnenen Familiengeschichte des Pastor Gross sucht er das Experiment zu verwirklichen. Aber auch hier finden wir überall die Gelassenheit als oberstes Prinzip aufgestellt. Überall eifert Hermes gegen Leidenschaft und überstarke Empfindungen; überall soll dieselbe laue Temperatur des Empfindens herrschen;

---

[1]) Lpz. 1747—48, 1750, 1769, 1770, 1783; Sämmtl. Schriften. Lpz. 1769 Bd. IV. Inhaltsangabe am besten bei Erich Schmidt a. a. O.

[2]) Lpz. 1774. S 62.

[3]) Lpz. 1766, 1770, 1781.

[4]) Lpz. 1769—73, 1775, 1776, 1778, 1787.

die Poesie, dieser höhere Aufschwung menschlichen Fühlens soll verbannt werden; die überspannten Ansichten heftiger Liebe sollen vertilgt werden, das Mädchen soll »im Bräutigam den wirklichen Adamssohn sehen, der eine Frau haben will« und der Bräutigam in ihr wieder »ein Geschöpf suchen, welches Kinder haben, die Hausluft vertragen, das Kreuzlein mit anfassen, eine Suppe kochen, eine Naht nähen, die Wirtschaft führen und Kranke pflegen könne.« In diesem Sinne fuhr Hermes fort, Bücher zu schreiben, »für Frauen«, »für Töchter edler Abkunft«, »für Eltern und Ehelustige«. »Sein ganzer Romankomplex,« urteilt Eichendorff,[1]) »ist wie ein Herbarium der Tugenden, ein trockenes Exempelbuch: für jede Tugend eine abgestandene Menschenfigur, die nicht sich selbst, sondern ein besonderes Stückchen Moral vorstellt.«

Ebenso bewusst hebt Sophie La Roche in den »freundschaftlichen Frauenzimmerbriefen«[2]) die Tugend aufs Schild. Die Verfasserin sagt selbst, dass sie die Absicht habe, »durch die Darstellung des jungen Hofmannes Cleberg junge Männer, die sich dem Hofdienst widmen, auf den rechten Weg zu bringen«. Auch in diesem moralischen Roman sucht man vergeblich nach irgend einem kräftigen Aufschwung der Empfindung, die sich hier schon sehr fühlbar breit macht, es aber nicht weiter als zu schlaffem Entsagen, sentimentalem Sichzurückziehen und thränenfrohen Betrachtungen bringt.

Die Tendenz von Sattlers »Friederike oder die Husarenbeute«[3]) lässt sich auch sofort aus der einleitenden Widmungsschrift des Nürnberger Verfassers an eine Frau v. D. in W. ersehen. In einer Gesellschaft bei Frau v. D. kam unter Anderm auch die Rede auf Romane. »Diese Unterredung machte ihren deutschen Nationalgeist verdriesslich. Der eine Teil (d. h. der Gesellschaft) machte sich eine Ehre daraus, Nichts als Memoiren gelesen zu haben, der andere wusste von Nichts als von Robinsonaden zu reden und der Dritte war nur in den Kabinetten der Feen bewandert.« Auf Befehl der Frau von D. sei nun dieser Roman geschrieben, der ein moralischer Originalroman sei, und Nichts enthalte, was der guten Sitte zuwiderlaufe.

Auch Kirsten[4]) spricht sich in der Vorrede seines zum Teil nach dem Leben gezeichneten Romans: »Lottchens Reise ins Zucht-

---

[1]) Eichendorff: Der deutsche Roman des XVIII. Jahrhunderts in seinem Verhältnis zum Christentum. 2. Aufl. 1866. S. 95.
[2]) Iris 1775—76, Altenb. 1780—81, 1796. Offenbach 1791.
[3]) Nürnberg 1774, 75, 76. Der Widmungsbrief ist von 1773 datiert.
[4]) Lpz. 1777—78, 1784.

haus« ausführlich über den moralischen Zweck seines Buches aus, in dem alle Schicksalswendungen dazu dienen, die Tugend zu belohnen und das Laster zu bestrafen. Recht charakteristisch ist in diesem Roman die Einrichtung, jeden bedeutsameren Gedanken, ja fast jedes moralische Sätzchen und mit äusserster Sorgfalt jede Andeutung einer Gefühlsäusserung mit fortlaufenden Fussnoten zu begleiten, die zu dem deutschen Text Parallelstellen aus dem klassischen Altertum citieren, in denen ähnliche oder gleiche Gedanken, Lehren und Gefühlsäusserungen enthalten sind. Es ist, als wollte der Verfasser sich von vornherein sicher stellen, indem er durch die Citate seinen Äusserungen die Weihe klassischer Wohlanständigkeit leiht.

Hilters[1]: »Verwirrte und bedenkliche Schicksale einiger reisenden Personen beiderlei Geschlechts zu Wasser und zu Lande« gehört zwar zum Teil noch der älteren Periode der Reiseromane an, jedoch wird die grandisonartige Vollkommenheit des Helden und das moralisch Gute aller Personen so stark betont, dass der Roman auch hier noch mit zu rechnen ist.

Der Inhalt all' dieser Romane leidet an einer unerträglichen Gleichförmigkeit.

Vor allem handelt es sich bei diesen Richardsonaden, dem Vorbild treu, um Seelen- und Schicksalsschilderungen weiblicher Personen, nur Hilters Roman, der ja überhaupt nur halb hierher gehört, bildet eine Ausnahme. Meist verläuft die Geschichte so, dass ein junges Mädchen, das in der Regel im Irrtum oder in Unkenntnis ihrer Abkunft aufwächst,[2] von schlimmen Wüstlingen Nachstellungen zu erdulden hat. Sie gerät in die allerübelsten und bedenklichsten Lagen, aus denen sie teils durch die wohlanständige Gelassenheit ihres Wesens, dem ein recht kühles, berechnendes Temperament oft hilfreich zur Seite steht, teils durch das Gegenspiel trefflicher Männer und Frauen, siegreich, freilich nicht ohne grössere oder geringere Opfer, hervorgeht. Schliesslich findet sie in den Armen eines höchst tugendhaften Mannes den Lohn ihrer bewährten und bewahrten Tugend.[3]

---

[1] Regensburg 1774. Der Verfassername des anonym erschienenen Buches ist in dem Exemplar der Breslauer Bibliothek handschriftl. auf das Vorsatzblatt geschrieben.

[2] So in Sattlers Roman »Friederike die Husarenbeute«. Man könnte dem Titel nach glauben, dass sie, erwachsen, eine Beute der Husaren wird; aber der Titel bezieht sich darauf, dass sie eine Art »Tochter des Regiments« als neugeborenes Kind von einem Husaren aufgefunden ist.

[3] Auch Sophie wird in dem letzten Band des Hermesschen Romans, der auf Wunsch der Leser noch hinzugeschrieben wurde, noch an einen Schulmeister verheiratet.

Eine tragische Lösung des Konfliktes wird durch eine an dumpfe Gleichgültigkeit streifende Gelassenheit vermieden; die Strafe des Sünders ist selten allzu hart.

So gleichartig wie der Inhalt, ist auch die Form in dieser Gruppe der Romane. Wir wissen, dass die Pamela in Familienbriefen geschrieben ist, d. h. in Briefen, die verschiedene Personen an verschiedene Personen richten. Sophiens Reise ist solch ein Briefwechsel, die Frauenzimmerbriefe der La Roche ebenfalls, und ebenso Friederike die Husarenbeute, Lottchens Reise ins Zuchthaus und zahlreiche andere Romane, die ihre Abfassungsform schon im Titel verraten durch Zusätze wie: »aus Originalbriefen«, »in Briefen«, »in einer Reihe von Briefen« etc. Dennoch finden sich kleine Abweichungen in dieser Abfassungsform; der Briefwechsel wird zuweilen durch die Einschiebung eines Heftchens von Memoiren unterbrochen, wie in »Friederike, die Husarenbeute« und in den »Frauenzimmerbriefen«; die einzelnen Briefe tragen zuweilen Überschriften, die den Inhalt derselben entweder schlicht zum Voraus anzeigen oder humoristisch in Sternescher Manier umschreiben, wie das bei Sophiens Reise der Fall ist.

Selten macht sich das Streben bemerkbar, den Stil der verschiedenen Personen zu individualisieren. Anläufe dazu macht Hermes,[1]) er sucht einen anderen Ton für die Briefe der Sophie, für die des verbrecherischen Ludwig oder die des ehrlichen Polterers Puff. Ein kräftigeres und leichter zu handhabendes Mittel erwählt sich Kirsten. Einerseits legt er seinen Briefschreibern stereotype Redensarten bei. So haben namentlich die Adligen, die zum Teil ein wenig schlecht fortkommen, gewisse Schimpfworte und immer wiederkehrende Flüche als Hausmarke ihrer Briefe im Gebrauch, die stark an das »der Tebel hohl mer« des grossen Lügners Schelmuffsky erinnern. Andererseits benutzt aber Kirsten das Merkmal des Dialekts in ganz ausserordentlichem Masse. Ich glaube, dass er der erste Romanschreiber ist, der es wagte, eine Person so ausgeprägt Dialekt sprechen zu lassen, wie dies das Kammermädchen Muthchen thut. Kirsten ist in Nebra geboren, er war also mit dem sächsisch-mansfeldischen Dialekt gut vertraut; und ich muss gestehen, ich kenne keinen Roman der älteren Zeit, der einen Dialekt so getreu wiedergiebt, wie es hier Kirsten zu wege bringt: »Der Herr Meckister gink wehs der Himmel! och mitter u. s. w.

---

[1]) Cholevius: die Verkehrssprache in Sophiens Reise von Memel nach Sachsen. Progr. Königsb. 1873.

Neben der Form des Briefwechsels finden wir bei Gellert und Hilter z. B. die Form, dass die Hauptperson ihre Lebensgeschichte selbst erzählt.

Im Grunde genommen giebt es ja nur zwei Romanformen, den »Ich-Roman« und den »Er-Roman«. Das sind hässliche Ausdrücke, aber diese Bezeichnungen sind nun einmal die gebräuchlichen. Ob nun der Dichter oder eine dritte zu diesem Zweck vorgeschobene Person der Erzähler ist, ob auch hier und da durch die angeführten Reden die erste Person zur Anwendung kommt, ist gleichgültig. Wir haben es in allen Fällen mit einem »Er-Roman« zu thun. Diese Form ist naturgemäss die beste, wenn man leidenschaftliche Vorgänge schildern will, weil das unmittelbare Anschauen und Miterleben des Lesers die Leidenschaft in flagranti vorführt. Anders ist es beim »Ich-Roman«, von dem die Form des Briefwechsels nur eine Spielart ist. Hier reden die Personen von Leidenschaften, die im Augenblick der Erzählung oder der Abfassung des Briefes schon die Unmittelbarkeit der ersten Aufwallung hinter sich haben. Deshalb ist die »Ich-Form« auch die genehmste für den Roman des Gelassenheitsideals. Dass auch hier die Langweiligkeit des Schriftstellers in einem Falle, das Genie des Dichters im andern Falle diese Regel unzutreffend machen können, dafür stellt sich als Beweis Goethes Werther einerseits, manche langweilige Erzählung andrerseits leicht ein. In der Regel wird man aber nicht fehlgehen, wenn man die Kunstform des »Ich-Romans« für den Ausdruck einer gelassenen Gesinnung hält.

Dieses Gelassenheitsideal hat nun aber, worauf ich vorher schon hindeutete, mehr als diese eine moralische Seite; und Richardson ist bei der Ausbildung der zweiten, der empfindsamen Seite, ebenfalls als Anreger anzusehen. Wir wissen, dass es ihm weniger darauf ankam, Handlungen und Begebenheiten zu erzählen, als vielmehr Seelenzustände zu schildern; wir wissen, dass seine Romane nicht zum geringsten Teile deshalb sich so aussergewöhnlicher Berühmtheit erfreuten, weil in ihnen zum ersten Male die Empfindungen des menschlichen und besonders des weiblichen Herzens so ausführlich aufgedeckt und zergliedert waren. So ist Richardson nicht nur der Vater der moralischen Richtung, sondern auch der Anstoss zur besonderen Ausbildung der Empfindsamkeit gewesen.

In dieser Hinsicht ist Lorenz Sterne sein Mitarbeiter zu nennen, während man ihn gewöhnlich neben Fielding als Bekämpfer Richardsons gestellt und seinen liebenswürdigen Humor im Gegensatz zu Richardsons pathetischem Tugendpredigen gesetzt sieht.

Sternes empfindsame [1]) Reise bewegt sich aber ganz in der von Richardson angebahnten Richtung einer Sentimentalität, die, optimistisch im hohen Grade, die Welt mit ihren bestehenden Verhältnissen anerkennend, die Glückseligkeit des Menschen darin sieht, starke Leidenschaften scheu abzuwehren und sich tief in ein gelassenes Empfinden des eigenen Herzens zu versenken. Dass ich eine solche Richtung nicht etwa künstlich zu Gunsten meines Einteilungsprinzips in den Roman hineinlege, beweisen Sternes eigene Aussprüche über die empfindsame Reise. »Es war meine Absicht«, schreibt Sterne einem seiner Freunde,[2]) »die Welt und unsere Mitmenschen, mehr als wir bisher thun, lieben zu lehren, diese Reise beschäftigt sich daher meist mit jenen sanfteren Leidenschaften und Neigungen, die zu diesem Zwecke so viel beitragen.« Und dieser Gedanke kehrt im Romane selbst wieder, wenn Yorik sagt: »Meine Reise ist eine ruhige Reise des Herzens nach der Natur und nach solchen Regungen, welche aus ihr entsprungen und uns treiben, unsern Mitmenschen, ja die ganze Welt zu lieben, mehr als wir pflegen.« Mit den Worten: »jene sanften Leidenschaften und Neigungen« ist die Richtung der ganzen Gruppe gekennzeichnet, die ich im Auge habe.

Zu ihr gehören vor allem die zahlreichen empfindsamen Reisen durch alle Gegenden der Welt; hierher gehören Brückners ländliche Erzählungen (Helmstaedt 1773), Abels Beiträge zur Geschichte der Liebe (Lpz. 1778), die Beiträge zur empfindsamen Lektüre, (Berlin und Altenburg 1774), die Fragmente zur Geschichte der Zärtlichkeit (Fkf. 1778), Fritzens Reise nach Dessau von Schummel (Lpz. 1776) und unter zahlreichen anderen Romanen auch »das Intelligenzblatt«,[3]) eine rührselige Geschichte von dem belohnten Edelmut eines »Herrn Durbach«, der sich in Folge einer Erbschaft nach langem Harren in den Stand gesetzt sieht, die Hand der längst Geliebten zu erwerben. Kaum ist die Verlobung vollzogen, als Durbach erfährt, dass ein anderer, zwar nicht rechtlich aber doch moralisch grössere Rechte, als er auf die Erbschaft habe. Durbach verzichtet nun nicht allein auf die Erbschaft, sondern auch auf den Besitz der Geliebten, bis es durch dasselbe Intelligenzblatt, das ihm seine Erbberechtigung zweifelhaft machte, herauskommt,

---

[1]) 1767 die Bode'sche Übersetzung: Hamb. u. Bremen 1768, 1769, 1770, 1771—75, 1772, 1776; Mannheim 1780, Hamb. 1804.

[2]) Sternes Briefe S. 340. Vergl. Hettner a. a. O. I S. 513, wo die Stelle in einem anderen Zusammenhange zitiert ist.

[3]) Deutsches Museum 1774.

dass seine Braut die gesuchte moralisch Erbberechtigtere ist. Die abermalige Verlobung dieser an edelmütigen und schönen Empfindungen einander ebenbürtigen Liebenden bildet den Schluss dieser empfindsamen Geschichte.

Ich wäre auf diese triviale Erzählung nicht näher eingegangen, wenn in ihr nicht zwei Motive wären, die hier noch unter der milden Form der Gelassenheit auftreten, während sie in einer anderen Kategorie von Romanen sich zu einem leidenschaftlichen Kampf ausgebildet finden: der Hass gegen die Kultur und gegen zweckvolle Beschäftigung.

Wir hören nämlich von Durbach, dass er von seinen Eltern gezwungen wurde, sich dem juristischen Studium und einem Amte zu widmen, das seinen Neigungen zuwiderlief. Nach dem Tode der Eltern findet sich gerade soviel Vermögen, dass er davon auf dem Lande leben kann. Er verlässt das verdriessliche aber einträgliche Geschäft der Advokatur und die Stadt: »wo tausend erkünstelte Bedürfnisse ihm dieses (d. h. das Amt mit seinen Einnahmen) wieder notwendig hätten machen können«. Aber wie anders ist hier die Flucht aufs Dorf motiviert, als bei Rousseau und seinen Anhängern. Durbach hasst die Kultur nicht, weil sie ihn seiner angeborenen Menschheit entkleidet und entfremdet hat, er will nicht »der Natur am Busen liegen«, sondern er will sich von den Ansprüchen der Kultur nicht zum »Geldverdienen« und zu einem Amt zwingen lassen.

Und eben diese Scheu vor einem Amt, vor einer zweckvollen Thätigkeit ist ein Motiv, das sich durch verschiedene Roman- und Idealgruppen hindurch weiter ausbildet. Hier spielt es noch keine grosse Rolle; aber schon La Fleur in Yoriks empfindsamer Reise, der zu jeder Dienstleistung unbrauchbar ist und für seine Untauglichkeit nur Frische, Munterkeit und Lebenslust einzusetzen hat, trägt die Züge, die später sich so stark ausgeprägt finden und etwa in Eichendorffs Taugenichts den Gipfel poetischer Verklärung erreichen.

Die beiden deutschen Hauptvertreter der empfindsamen Gelassenheitsrichtung sind aber Heinrich Jung-Stilling und Martin Miller; der eine ist der Führer auf religiösem, der andere auf weltlichem Gebiete; sie bilden die Schwärmerei des Glaubens und der Liebe aus und schwelgen in einer frömmelnden Herzensverzärtelung, welche es in keinem ihrer Romane zu hellauflodernder Leidenschaft oder zu selbständigem Handeln kommen lässt.

Bei Stilling ist jede Aktivität schon dadurch ausgeschlossen, dass der pietistische Held seines autobiographischen Romans[1]) sich von vornherein jeder eigenen Initiative enthält und sich so völlig unter der persönlichen Leitung Gottes fühlt, dass er auch die Verantwortung für all' sein Thun völlig der höheren Führung zuschiebt. Bei ihm ist das Sichlosreissen von alten Traditionen, das Ringen nach Ansehen und Stellung, die Liebe und Ehe aus keiner Leidenschaft entsprungen, sondern alle Entschlüsse werden ihm sanft ins Herz gegossen — eine gelassene Hingebung an die göttliche Leitung ist all' sein Gefühl.

Sanftmut und Demut sind auch im Siegwart[2]) die höchsten Tugenden. Deshalb ist es auch unrichtig, den Siegwart zu der Werthergruppe zu rechnen. Das Ideal der Gelassenheit schillert auf jeder Seite des Millerschen Romans hindurch; überall findet sich statt männlicher Stärke ein weibischer Thränenregen, statt kräftigen Zugreifens thränenreiches Entsagen und stumme Entschlusslosigkeit.[3])

Die Abfassungsform der Empfindsamkeitsgruppe ist von der des moralischen Romans wenig verschieden.

Auch hier sind die meisten Romane in »einer Reihe von Briefen« abgefasst, »aus Familienpapieren«, »Tagebüchern«, aus »den Papieren« der jeweiligen Helden, ja »der Menschheit« »gezogen«, oder es sind memoirenartige Erzählungen der Helden; nur selten haben wir die Form des Er-Romans zu verzeichnen. Häufiger, ja soweit meine Kenntnis reicht, fast ausschliesslich, kommt diese Kunstform bei der dritten und letzten Gruppe des Gelassenheits-Ideals zur Anwendung, bei den Romanen, die eine besondere Ausbildung der Vernunft zum Gegenstand haben.

Diese Vernunft hat aber nichts mit jener leidenschaftlichen, zersetzenden Kritik des Bestehenden gemein, der wir später begegnen werden, sondern sie trägt einen mehr idyllischen Charakter, sie neckt die Thorheiten und Überspanntheiten mehr, als dass sie diese geisselt, ungefähr mit jener Harmlosigkeit, wie sie in Gellerts Fabeln und Lustspielen herrscht.

---

[1]) 3 Bände Lpz. 1777—78; bekanntlich von Goethe zum Druck befördert.
[2]) Leipzig, Karlsruhe, Reutlingen, Tübingen 1776, Lpz. 1777. Fkf. u. Lpz. 1778, Stuttg. 1804. — Vergl. Kamprath: Das Siegwartfieber. Progr. Wiener Neustadt 1877.
[3]) Miller selbst litt an diesen Charakterfehlern. Vergl. E. Schmidt: Charakteristiken, Wien 1886, S. 178 ff.

Auch diese von puritanisch-protestantischem Geiste getragene, nur mit einem guten Teil Philiströsität verdünnte Richtung, ist von Richardson angebahnt; zum vollen Durchbruch verhalf ihr aber erst Goldsmith mit seinem Landprediger von Wakefield.[1]) Es ist ein anmutiges Gemälde von Sitteneinfalt, Gottvertrauen, unerschütterlicher Menschenliebe und Tugendtreue, aber Alles wird beherrscht von einem milden, liebenswürdigen Ernst, von der leisen Ironie einer abgeklärten Vernunft. Die Besprechung, die Goethe dieser »modernen Idylle« in Wahrheit und Dichtung widmet, ist bekannt, ja in der Beschreibung seiner Friedericke-Epoche steht Goethe geradezu unter Goldsmiths Einfluss.[2])

Selbst der Kreis des jungen Goethe, der sonst mit dem Sturm und Drang gewaltsam reformieren wollte, stimmt sich hier und da zu dem leisen Tritt des Wakefielder Dorfpredigers herab.

Vernünftiges Wirken im kleinen Kreise, Meister in der Beschränkung zu sein, das ist das Losungswort der Gruppe. Selbst der scharfe und geistvolle Kritiker Merck schrieb eine Erzählung: »Die Geschichte des Herrn Oheims«[3]) mit der Tendenz, dass nur der glücklich sei, »der nur das zu erwerben suche, was der eigene Verstand und Fleiss vermag, und dem Herrgott nicht mehr Tagelohn abverdiene, als er solle, und das Übrige in Cassa lasse, was ihm nicht zukommt.« So lebt denn der hochgeehrte Minister Herr Oheim erst glücklich, als er unter dem Lächeln seiner Freunde alle Ämter niedergelegt und die Stadt verlassen hat, als er auf einem kleinen, durch eigenen Fleiss erworbenen Bauergütchen die tägliche Nahrung mit seiner Hände Arbeit dem Boden abgewinnt.

Auch der »Landprediger«[4]) von Lenz preist das Wirken in möglichster Beschränkung. Sein Landprediger, ein unverkennbarer Vorläufer von Zschokkes Narrn des 19. Jahrhunderts oder von dessen Oswald im Goldmacherdorf, hebt den Wohlstand seiner verarmten, unwissenden Gemeinde. Statt bibeltreuer Predigten hält er Besprechungen über die Pflichten gegen Mitmenschen und Obrigkeit, die sich an bestimmte, gerade vorliegende Fälle knüpfen, oder er hält ökonomische Vorlesungen ab, in denen er seinen Bauern Winke über die Verbesserungen ihrer Güter giebt, und er weiss den Nutzen dieser Methode auch seinen Vorgesetzten gegenüber

---

[1]) 1766; übersetzt von Bode. Lpz. 1776, 1777; Fkf. u. Höchst 1777, Bamberg 1780, Hamb. u. Altona 1781; Lpz. 1796.
[2]) M. Koch a. a. O. S. 26.
[3]) Deutscher Merkur 1778.
[4]) Teut. Museum 1777. Pilger durch die Welt 1846.

zu verteidigen, welche natürlich mit der absonderlichen Verwaltung seines Amtes wenig zufrieden sind. Ganz eigenartig ist das Mittel, durch welches der Landprediger des Lenz die Gefahr der Langenweile in seiner Abgeschiedenheit zu bannen sucht. Er nimmt in seinem Pfarrhaus junge Leute auf, die sich in dem Übergangsstadium von der Universitätszeit zum bürgerlichen Berufe befinden, und indem er ihnen: »einen Hafen schafft, in welchem sie ihr Schiff takeln, kalfatern und segelfertig machen können, ehe sie es wagen dürfen, es vom Stapel zu lassen«, schafft er sein einsames Heim zu einer wunderlichen Akademie der Künste und Wissenschaften um.

Neben diesen national-ökonomisch angehauchten Erzählungen stehen harmlose Satiren auf Missstände der Zeit, wie gegen Adelsstolz, Empfindelei, gegen Trunk-, Spiel-, Zank- und Herrschsucht und ähnliche Fehler und Laster. Auch der rüpelhafte Roman Blankenburgs,[1]) der sich gegen alle diese Auswüchse zusammen wendet, gehört hierher.

Der vollste Ausdruck der zahmen, nüchternen, aufs Zweckmässige gerichteten Vernunft ist aber Nicolais Fortsetzung der geharnischteren »Wilhelmine« von Thümmel. Schon in den Freuden des jungen Werther[2]) zog Nicolai gegen die Empfindsamkeit zu Felde, jetzt im Sebaldus Nothanker[3]) tritt Nicolai völlig als Vorkämpfer einer wässerigen Aufklärungstheorie auf. Auch Sebaldus, wie der Landpfarrer Lenzs mit einigen Zügen des Goldsmithschen Landpredigers ausgestattet,[4]) will keine dogmatischen Wahrheiten für nötig oder nützlich halten, als die, welche auf das Verhalten der Menschen Einfluss haben. Neben der idyllischen Beschreibung des bürgerlich aufgeklärten, patriotischen, toleranten, etwas beschränkten, aber herzensguten Sebaldus gehen in dem Roman Ausfälle gegen Orthodoxie, Pietisterei, Simonie und gegen jene Heuchler, die ihre eigene schlechte Sache zur Sache ihres geistlichen Standes, ihrer Religion und ihres Gottes machen.

So schliesst[5]) sich auch dieser Roman in seinen Haupttendenzen an die Richtung Goldsmiths und Richardsons an, welche die besondere Ausbildung der zweckmässigen Vernünftigkeit betont.

---

[1]) Beiträge zur Geschichte teutschen Reichs und teutscher Sitten. Ein Roman. Lpz. u. Liegnitz 1775.
[2]) Berl. 1775. Amsterdam 1777.
[3]) Bd. I. Berl. 1773, 1774, 1776. Bd. II. Berl. 1775. Bd. III. Berl. 1776. Bd. I—III. Berl. 1799, 1814.
[4]) Scherer Litt. Gesch. S. 450.
[5]) Werner Akadem. Blätter. S. 267 ff.

Durchgehends finden wir in dieser ganzen Gruppe neben den bereits erwähnten Eigentümlichkeiten noch das Einheitliche, dass alle ihre Romane und Erzählungen sich durchaus »in der mittleren Welt«, fern von dem high life der Engländer[1]) abspielen.

Etwas aber, und darauf möchte ich besonders hinweisen, ist allen Romanen des Gelassenheitsideals gemeinsam. Sie spielen in der Gegenwart des Verfassers.

Gellert wagt allerdings noch nicht, Deutschland zum Schauplatz seiner Erzählung zu wählen, sondern er führt uns teils nach Schweden, teils nach Holland und England; aber seit Hermes es wagte, eine deutsche Geschichte in Deutschland spielen zu lassen, schlossen sich ihm, ausser einigen sklavischen Nachahmern Richardsons, die sich von England nicht trennen konnten, die deutschen Schriftsteller, deren Romane zum Gelassenheitsideal gehören, an. Und so spielen diese Erzählungen in Deutschland in der Gegenwart ihrer Verfasser.

Wie wenig die ganze Richardsonsche Richtung des Gelassenheitsideals 1778 schon abgeschlossen ist, zeigt ein Roman, der 1795 bis 1796 in den Horen erschien. Er enthält geradezu eine Sammlung aller hier erwähnten Züge: Moral, Empfindsamkeit, Vernunft, Familienleben, Mittelstand, harmlose Satire und Hang zur Zweckmässigkeit, Mangel an wahrer Leidenschaft und eine gute Dosis Philistertums. Ich meine das berühmte Charaktergemälde Herr Lorenz Stark von J. J. Engel.

In ganz entgegengesetzter Richtung haben wir dem Ideal der Leidenschaft nachzugehen. Freilich hat Richardsons Betonung der Seelenvorgänge die Aufmerksamkeit auf die menschliche Seelenthätigkeit, auf die menschliche Natur überhaupt gelenkt und unmerklich dazu beigetragen, die angeblichen Forderungen der menschlichen Natur, die später unter dem Schlagwort »Menschenrecht« so bequem zusammengefasst wurden, über die »ererbte Krankheit von Gesetz und Rechten« zu erheben; freilich finden wir schon bei Richardson[2]) kraftgenialische Ausdrücke, wie wenn Lovelace in der Klarissa auf den Mond losschlagen will oder an einen Stern gestreift zu haben glaubt, aber die eigentlichen Quellen, aus denen die Litteraturrevolution Hamanns, Herders und Goethes und ihrer Anhänger floss, haben wir doch in Shakespeare, Percy, Macpherson und Rousseau zu suchen.

---

[1]) Gervinus, Litt. Gesch. V⁴ S. 291.
[2]) E. Schmidt a. a. O. — O. Brahm: Das deutsche Ritterdrama des 18. Jahrhunderts. Q. u. F. Bd. 40. Strassburg 1880. S. 168 ff.

Wie bei dem Gelassenheitsideal haben wir wieder **drei Gruppen** zu unterscheiden; auch hier treffen die Stichworte: Moral, Empfindsamkeit und Vernunft zu; aber während man dort bemüht war, ängstlich Grenzen zu ziehen, bestrebt man sich hier, Schranken einzureissen.

Gleich die erste Gruppe, die einer besonderen Ausbildung der Freiheit der Moral das Wort redet, zeigt ein ganz neues, fremdartiges Gesicht. Fast alle hierher gehörigen Romane sind in ein ausländisches Gewand gekleidet.

Der deutsche Hauptvertreter dieser Richtung ist Wieland. Er hatte in sich selbst, von Pol zu Pol hingerissen, die grössten moralischen Gegensätze durchlebt, und lange gesucht, bis er eine feste Richtung gefunden hatte. Kaum sah er sich von dem Gängelband Bodmers und Klopstocks frei, als er bei Hallers Usong[1]) in die Schule ging und nun ebenfalls orientalisches Gewand für seinen goldenen Spiegel[2]) wählte, und im Danischmed[3]) den aufgeklärten Despotismus für die beste Staatsform erklärte. Aber zu einem Sprunge aus den paradiesischen Gefilden der Seligen in die engen Verhältnisse des unverhüllt deutschen, bürgerlichen Familienlebens konnte sich seine Phantasie niemals zwingen. Aus dem orientalischen Leben flüchtete sie sich in die heitere Blütezeit des Sokratischen, Perikleïschen, Xenophontischen und Platonischen Athens. Dies ist der Schauplatz von Wielands Agathon,[4]) dem ersten Kultur- und Erziehungsroman Deutschlands, in dem Wieland als Nachfolger Fieldings und Anhänger Shaftsburys statt jener vollkommenen Charaktere der Grandisons mit ihrer unmöglichen Vollkommenheit einen wirklichen Menschen schuf, einen Menschen, »wie er selbst einer war voll Güte, Schwäche und mit einem entzündlichen Herzen.«[5]) Aber auch den Einfluss seines wunderlichen Protektors, des Graf Stadion, kann Wieland nicht verleugnen, denn das Bild des griechischen Lebens, das sich uns entrollt, erinnert stark an französische Muster. Lessings Urteil über den Agathon, er sei der erste und einzige deutsche Roman für den denkenden Kopf von klassischem Geschmack, ist oft citiert und das darin liegende Lob auch wirklich beherzigt worden, denn in der That haben unsere besten Schriftsteller und

---

[1]) Bern 1771. Lpz. 1771. Bern 1772, 1774, 1778.
[2]) Lpz. 1772. Biel 1773—1774.
[3]) Teut. Merkur 1775. Lpz. 1795.
[4]) Fkf. u. Lpz. 1766—67. Lpz. 1773, 1798.
[5]) Scherer, Litt. Gesch. S. 435.
[6]) Teut. Merkur 1774, Weimar 1774, 1776. Lpz. 1781; Teut. Merkur 1778, 1780.

Dichter, auch Goethe, für den Wilhelm Meister sich bemüht, von diesem Muster zu lernen.

Der berühmteste aber von Wielands hierhergehörigen Prosa-Romanen ist unstreitig die Geschichte der Abderiten. Diese köstliche, an griechische Überlieferungen anknüpfende und auch nach Griechenland verlegte Satire besteht, wie Koberstein sich ausdrückt, in einer »humoristischen Darstellung des spiessbürgerlichen, beschränkten und thörichten, bald zum Lächerlichen, bald zum Verderblichen ausschlagenden privaten und öffentlichen Treibens kleinstädtischer und kleinstaatlicher Gemeinverbände.«[1])

Überall durchbricht Democritus, dessen Gesichtskreis durch langjährige Reisen weltmännisch erweitert ist, die in Abdera herrschenden Gesetze von Anstand, Sitte und Moral, und doch weiss der Schalk es so einzurichten, dass er die Lacher auf seiner Seite hat und dass die Abderiten und Abderitinnen in Lagen geraten, die mit Sitte und Moral wenig in Einklang gebracht werden können.

Ich hatte beim Gelassenheitsideal auf die Beschreibung hinweisen können, die Richardson von sich entwirft; der Charakter des Demokrit erinnert an das Selbstporträt eines andern englischen Romanziers, an das, welches Lorenz Sterne im Tristram Shandy von dem Pfarrer Yorik gezeichnet hat, und mit dem er allgemein zugestandenermassen sich selbst schilderte: »Was mich in meinem Glauben an Yoriks Abkunft (nämlich von dem Shakespeareschen Yorik im Hamlet) irre gemacht hat, das ist, dass er nicht einen Tropfen dänisches Blut in seiner ganzen Mischung zu haben schien; in neunhundert Jahren ist es wahrscheinlich ganz verlaufen. Dem sei aber, wie ihm wolle, ohne einen Augenblick länger darüber zu grübeln, ist soviel gewiss, dass er nichts von diesem kalten Phlegma, nichts von der ängstlichen Regelmässigkeit des Verstandes und der Laune hatte, die man bei den Leuten seiner Herkunft zu finden pflegt. Er war vielmehr von so merkurialischer und sublimierter Komposition, als man sich ein heteroklitisches Geschöpf in allen seinen Spielarten denken kann. Er hatte soviel Lebhaftigkeit, soviel Enthusiasmus, soviel Fröhlichkeit des Herzens, wie sie einzig der wärmste Himmel hervorbringt. So wohl besegelt führte dennoch der arme Yorik keine Unze Ballast; er war in der Welt so unerfahren und wusste im einundzwanzigsten Jahr ebenso wenig, wohin er seinen Lauf richten sollte, als ein einfältiges Mädchen von drei-

---

[1]) Litterat.-Gesch. IV⁶ S. 152.

zehn. Es war also natürlich, dass er bei seiner ersten Reise wohl zehnmal des Tages durch den raschen Wind seiner Lebensgeister in fremdes Tauwerk verwickelt wurde. Am meisten hatte er das Unglück, wie man sich leicht vorstellen kann, mit dem Ernsthaften und Gemächlichen in Streit zu kommen. Ich bin immer der Meinung, dass eine Mischung von unglücklichem Witz der Grund aller dieser Händel war. Denn Yorik hatte, um die Wahrheit zu sagen, einen unüberwindlichen Widerwillen und Abscheu, nicht zwar gegen die Ernsthaftigkeit als Ernsthaftigkeit, denn er konnte, wenn es darauf ankam, Tage und Wochen lang der ernsthafteste Mensch von der Welt sein, sondern gegen die verstellte Ernsthaftigkeit, welche der Unwissenheit zum Deckmantel dient, und welche nichts ist als ein Betrug und ein abgefeimter Kunstgriff, bei der Welt das Zutrauen zu gewinnen, als ob man mehr Verstand und Einsicht habe, als in der That wahr ist. Er war, um das Kind beim rechten Namen zu nennen, unerfahren und unklug. Wenn von Sachen geredet wurde, bei denen ein vorsichtiger Mann zurückzuhalten pflegt, platzte er unbesonnen heraus, er verschwieg selten oder nie, den natürlichen Eindruck, den eine Sache auf ihn machte, ohne dabei auf Person, Ort oder Zeit zu achten. Und sein vorlautes Wesen ward dadurch noch vergrössert, dass alle seine Reden gewöhnlich auf einen witzigen Einfall hinausliefen, oder doch wenigstens auf drollige und launige Ausdrücke. Kurz, absichtlich suchte er zwar nie die Gelegenheit, seine Meinung frei von der Leber hinweg zu sagen, er liess sie aber auch selten ungenutzt vorübergehen, und er hatte in seinem Leben nur gar zuviel Versuchungen, seinen Witz, seine Laune, seinen Spott und seine Satire geltend zu machen«[1]).

Das Bild könnte als Typus für alle Gruppen des Leidenschaftsideals gelten, wenn ihm nicht doch einige besonders bedeutende Züge fehlten. Vor allem kennt Sterne nicht jene dämonische Gewalt, welche z. B. die Helden der Jacobischen Romane auszeichnet. Aber auch die Stimmung des Heinseschen Laïdion [2])-Romans ist ihm fremd.

Heinse ist in unserer Litteratur eine äusserst merkwürdige Gestalt, und zwar durch seine, ich möchte sagen unbequeme Konsequenz, empfangene Anregungen weiter auszubilden. Wieland hatte in seiner Entwickelung mehrere, einander völlig entgegen-

---

[1]) Hettner a. a. O. I 505 f.
[2]) Lemgo 1774, 1790, 1799.

gesetzte Richtungen eingeschlagen. Schon Goethe, Lessing und Nicolai erklärten die seraphische Epoche Wielands, Nicolai noch ehe sie einer anderen Platz gemacht hatte, durch dessen nur in der Richtung irregegangene Sinnlichkeit. Aber ein Umschwung, wenn auch nicht der Gesinnung, so doch der Empfindung, ist nicht fortzuleugnen. Heinse ist Wielands ältester Schüler, und Wieland, der nicht gern die bis zur niedrigsten Genusssucht gezogene äusserste Konsequenz seiner neuen Sinnlichkeitslehre verantworten wollte, hätte ihn gern von sich abgeschüttelt. Aber Heinse hatte noch zwei andere Lehrer, Rousseau und Gleim. Auch dem alten Gleim und seinem Kreise war Heinse eben auch durch das konsequente Fortführen der Anakreontik unbequem, wenn Gleim auch den verfehmten Übersetzer des Petron in seiner gutmütigen Versorgungssucht unter dem Namen Rost wieder hoffähig zu machen suchte. Die Art, wie der Halberstädter Dichterkreis sich mit Apollo, Bacchus, Aphrodite und den Grazien beschäftigte, hat eine gewisse Ähnlichkeit mit den Bedenklichkeiten und Auskünften des ehrlichen Zettels im Sommernachtstraum. Hinter der spielenden Maske, dem Wein, der Kunst und der Liebe ein wenig zugethan zu sein, sollte doch immer beruhigend das behäbige Antlitz eines ehrbaren Staatsbürgers hervorschauen. Aber Heinse wollte von solchem Versteckspielen nichts wissen, er griff mit leidenschaftlichem Ernst zu, und während er einerseits die Üppigkeit gemeinster Sinneslust bis zur Neige durchkosten lässt, dünkt er sich auch andrerseits da ein Gott zu sein, wo er in grösstmöglicher Stärke und Fülle die ideale Schönheit der höchsten Kunst in sich aufzunehmen vermag. Und um das Ziel unbeschränkten Sinnengenusses im gemeinen und edlen Sinn von allen Seiten unbeschränkt erreichen zu können, wehrt er sich mit Rousseau gegen Alles, was die freie Regung der Menschennatur fesseln und beengen könnte, gegen Staat und Gesellschaft und gegen jedes begrenzende Gesetz der Moral.

Dass diese schrankenlos sinnliche Art, die Kunst zu erfassen, nicht nur ein zielloser individueller Paroxismus war, beweisen die Früchte, die wir Heinse zu danken haben: Die Ausbildung der Kunst der deutschen Sprache zu einem Wohlklang, der Wielands Bemühungen und Erfolge entschieden hinter sich lässt und die trotz aller enthusiastischen Verehrung des Griechentums von ihm vertretene Erkenntnis, dass auch die Kunst national sein müsse, dass ein mechanisches Herübernehmen der Kunst eines fremden Volkes ein Unding sei. Das ist eine Entdeckung, die Winckelmann noch nicht gemacht hatte.

Neben Heinse und Wieland gehören noch eine Menge bekannter und unbekannter Namen hierher: Wetzel mit seinem Belphegor (Lpz. 1776) und seinem Tobias Knauth (Lpz. 1773, 1777). Die Briefe der Fillon, aus dem Französischen (Fürth 1776), Amors Reisen (Bern 1777), Diderots geschwätzige Muscheln (Augsburg 1776), die meisten von Hopffgartens Romanen, Klingers Orpheus (Genf 1778—80, Lpz. 1791), Köhlers Geschichte einer Spröden (Lpz. 1777), die Laïs von Smyrna (Lpz. 1776) und eine zweite Laïs (Rostock 1776), Fanchettens Fuss (Hamb. 1770, 1777, 1828), Zachariaes glückseelige Inseln (Braunschweig 1771), Miss Withing oder das kurzweilige Mädchen, eine Frühlingsgeschichte (Lpz. 1776) und der ganze übrige Schwarm schlüpfriger Übersetzungen oder Nachahmungen aus dem Französischen, zu denen Diderots: les bijoux indiscrets und Crebillon des Jüngeren Romane Vorbild und Muster sind.

Fast alle diese Romane, soweit sie deutschen Ursprungs sind, spielen in fremden zum Teil phantastischen Ländern und in fernen Zeiten. Darin drückt sich die Erkenntnis aus, dass die Erfüllung der Forderung einer unbedingten moralischen Freiheit in der bestehenden, zeitgenössischen Welt nicht zu erwarten steht.

Aber dieses Bewusstsein des Unterschiedes zwischen der idealen und der wirklichen Welt tritt hier noch nicht mit der Energie zu Tage, mit der es sich in der zweiten Gruppe geltend macht, die für die Empfindung eine ungehemmte Freiheit fordert.

Als natürliche Empfindung wird in dieser Periode nun vieles begriffen, das bei anderen Epochen in anderen Gruppen weit mehr als ein Zubehör der guten, gesellschaftlichen Ordnung galt. Die Tugend, die bei Richardson und seinen Anhängern durch Standesachtung und eine gewisse Gelassenheit in der Empfindung geschützt war, beruht hier auf natürlicher, bald leidenschaftlich verteidigter, bald leidenschaftlich hingeopferter Schamhaftigkeit; die Liebe, für welche das rechte Organ bei den Richardsonaden zu fehlen scheint, wird hier zu einer Alles unterjochenden Allmacht; der Hang zum Pietismus, zur Empfindelei artet zu einer schrankenlosen Gefühlsseligkeit aus, zu einem schwelgerischen Aufgehen in der eigenen Persönlichkeit.

Der Egoismus im Fichteschen Sinn wird das Merkzeichen dieser Epoche, und alles verkehrt sich in einen Kampf der Unendlichkeit des Herzens gegen die Gesellschaftsordnung. Die Natur des Herzens, die angeborenen Talente, nicht die angeborene Gesellschaftsstellung soll in der idealen erträumten Welt dieser Romangruppe massgebend sein; hier strebt der Bürger nach weltmännischer

Bildung, nach all' der Ausbildung und den Auszeichnungen, die nur einer privilegierten Gesellschaftsklasse offenstanden, und da er sie nicht zu erreichen hoffen darf, steht er abseits: »Die besten Köpfe müssen feiern« klagt Werther. Und wie dieses gesellschaftliche Missverhältnis die Leidenschaft in Flammen setzt, weil es der Natur Schranken auferlegt, so soll auch alle Kultur und deren Errungenschaften, Verstandesbildung und Wissenschaft, über Bord geworfen werden; Gemüt und Seele sollen die Weltherrscher sein, das angeborene Genie, die dämonische Leidenschaft der Menschennatur, die »freie Kunst der Tugend«, das sollen die treibenden Kräfte sein, aus denen die Schriftsteller des Ideals der freien Empfindung ihre neue Welt erwachsen lassen wollen.

Sternes glutvolle Briefe an Elise,[1]) Wagners,[2]) Loëns,[3]) Bretschneiders,[4]) Hopffgartens[5]) Romane und die ganze Reihe jener Apologieen der Leidenschaft und des Herzens gehören hierher. Der erste, der »der Leidenschaft Mut gemacht hatte, sich mit voller Gewalt auszusprechen«, war Rousseau mit seiner der Abfassungsform und der Tendenz nach zweiteiligen »Neuen Heloïse«.[6]) Während der zweite Teil sich fast zu dem Tone Richardsons oder Marivaux verflacht und herabstimmt, wogt in dem ersten Teil jene Leidenschaft des Liebessehnens, die im Gefühlsleben Europas eine neue Saite anschlug; und wie er dieses Gefühl aus seinen konventionellen Fesseln erlöste, ebenso riss er die Gemüter, die bisher die Schönheit der Natur mit dem andächtigen Wohlgefallen eines Hallers gelobt hatten, durch die unerhörten Farben, mit denen er »die grandiose Natur des Hochgebirges« malte, zu leidenschaftlicher, schrankenloser Bewunderung hin.[7])

Doch was soll ich über die beiden Hauptromane dieser Gruppe, über die neue Heloïse und ihren mehr als ebenbürtigen Nachfolger, über den Werther, oft Wiederholtes in neue Worte kleiden? Neue Gesichtspunkte habe ich nicht anzuführen. —

Der Roman, der dem Werther als seine gelungenste Nachahmung am häufigsten an die Seite gestellt wird, ist der Waldbruder von Lenz, den Schiller in den Horen[8]) mit dem Zusatz:

---

[1]) Bodes Übersetzung, Hamb. 1775. 1777.
[2]) Sebastian Sillig. Lpz. 1776. — Konfisc. Erzähl. Giessen 1774.
[3]) Graf von Rivera: Ulm 1760, Riga 1778, 1782.
[4]) Ferdinand von Thon: Nürnb. 1775, 1776.
[5]) Sieg der Einfalt: Lpz. 1772—74. Sieg der Liebe: Lpz. 1776.
[6]) Übers. Lpz. 1775.
[7]) Scherer Litt. Gesch. S. 431.
[8]) 3. Jahrgang 4 St. S. 85—102; 5 St. S. 1—30.

»Ein Pendant zu Werthers Leiden« veröffentlichte. Ich will hier nicht auf den Kern des Romans, der den Waldbruder zu einem Pendant zum Werther stempelt, eingehen, sondern bei der Vorgeschichte des Helden, der deutlich genug den Namen Herz trägt, verweilen. Der junge Herz, der illegitime Sohn einer verstorbenen grossen Dame, die vor einigen zwanzig Jahren noch die halbe Welt regierte,[1]) ist die »Frucht ihrer letzten Liebe«. Er wird von »einem gewissen Grossen äusserst streng erzogen, das verhindert aber nicht, dass der erst elfjährige Knabe eine heftige Leidenschaft zu der Maitresse seines Erziehers fasst. Herz wird mit einem Hofmeister auf Reisen gesandt, entflieht jedoch der unwürdigen Behandlung seines nichtsnutzigen Informators und abenteuert in Frankreich umher, bis sich ein reicher Lyoner Kaufmann des talentvollen Flüchtlings annimmt, ihn ausbilden lässt und ihn sogar nach Leipzig sendet, damit er dort seine Studien vollende. Herz benutzt seinen Aufenthalt in Lyon, um sich dort in die Nichte seines Wohlthäters und seine Studienzeit in Leipzig, um sich daselbst in die Tochter seines Hauswirts, eines Pfarrers, zu verlieben. Jedesmal wird er das Opfer seines weichen, in blühenden Phantasieen sich verlierenden Herzens. In dem Gegenstand seiner ersten Liebe glaubt er die Nymphe des Telemachs zu sehen, bis er Augenzeuge des intimen Verhältnisses der liederlichen Person zu seinem Erzieher, dem vornehmen Grafen, wird. In der französischen Kaufmannsnichte glaubt er eine zweite Ninon gefunden zu haben, bis unzweifelhafte Beweise ihrer Koketterie ihm seinen Irrtum benehmen; die Tochter des Pfarrers in Leipzig endlich täuschte zum dritten Mal das arglose Vertrauen Herzens, der in ihr das Ideal einer Lotte, einer Zidli sah; denn der vertrauensselige Liebhaber musste entdecken, dass diese Schöne unter der Maske der Frömmigkeit zahllose bedenkliche Liebesabenteuer verbarg.

Eine ganz ähnliche Stufenleiter von Herzensenttäuschungen stürzt Zerbin, den Helden eines früheren Lenzischen Romans[2]) ins Verderben. Zerbins Irrtümer haben genau denselben Mangel an Menschenkenntnis zur Ursache, genau dasselbe Schweben in träumerischen Idealen zum Grund, wie die des Herz. Zerbins Wesen ist aus einer »überaus starken Sinnlichkeit, einer glühenden Einbildungskraft und einem kindlich guten, vertrauenden Gemüt« gemischt. »Unerfahren, mit allen Ränken weiblicher List so

---

[1]) Der Roman ist 1786 geschrieben; der Name jener grossen, in Russland lebenden Dame ist danach leicht zu errathen.

[2]) Zerbin, oder die neuere Philosophie. Teut. Museum 1776.

gänzlich unbekannt, sah er lauter überirdische Wesen ausser seiner Sphäre an ihnen, für die er, da er keine einzige ihrer Worte und Handlungen begriff, eine so tiefe und innerliche Ehrfurcht fühlte«, dass er eigentlich nie dazu kam, das wirkliche Wesen der weiblichen Personen zu ergründen, mit denen er in Berührung kam.

So wird Zerbin rasch hintereinander zur Liebe hingerissen zu Renatchen, einer berechnenden koketten Dame der Gesellschaft, zu Hortensie, der Tochter seines Hauswirts, einer durch Romanlesen verdorbenen, heiratssüchtigen Person, und schliesslich zu einer hübschen, frischen Dienstmagd; aber dabei wird er aus der reinsten Höhe geträumter Ideale in den widerlichsten Schmutz der Gemeinheit gezerrt. Schon hier ist wohl Voltaires Candide, auf den wir später noch zurückkommen werden, nicht ohne Einfluss gewesen.

Höchst charakteristisch für den Standpunkt, den die ganze Gruppe jeder Fessel der Konvenienz gegenüber einnimmt, ist das, was Lenz von der Ehescheu des Zerbin berichtet: »Er wollte diesen steifen, abgezirkelten, ausgerechneten Schritt in den Stand der heiligen Ehe nicht thun; er wollte das Anheften, das Anschliessen eines Herzens an das andere ohne ökonomische Ansichten, er wollte keine Haushälterin,[1]) er wollte ein Weib, die Freude, das Glück, die Gespielin seines Lebens; er steuerte nach Süden, sie (es handelt sich um Hortensie, die den Zerbin heiraten wollte) nach Norden«.

Hier spricht sich das Evangelium des unverhüllten Egoismus aus, der nur nehmen und nichts geben will, der jedes Opfer, jede Hingabe verlangt, ohne selbst etwas dafür einzusetzen.

Ein solches Erheben von Gefühlen über die gesetzlichen Einrichtungen preist auch Jacobi in seinem Woldemar[2]) als höchstes Ideal; er hält das Gefühl der Liebe für entweiht durch die Ehe. Das Gefühl, die Eingebungen der Natur sind die einzigen Normen, denen sich der freie Mensch der Jacobischen Romane ohne Rücksicht auf Herkommen und Gesetz zu fügen hat. Die unmittelbare Erkenntnis, das Gefühl, der Glaube stehen über der vom Verstand diktierten Wissenschaft. Und ebenso wenig wie nach Wissen, sagt Jacobi im Allwill,[3]) dürfe man sich um unwandelbare Tugend mühen; man müsse sich ganz der Natur überlassen, müsse jede

---

[1]) Vergl. dagegen die früher, S. 34, citierte Ansicht von Hermes über die Ehe.
[2]) Teut. Merkur 1777, Teut. Museum 1779. Flensburg 1779. Königsberg 1794, 1796, Lpz. 1820.
[3]) Iris 1775, Teut. Merkur 1776, Königsberg 1792, Lpz. 1826.

Fähigkeit sich regen, jede Kraft unbehindert und ungefördert von selbst erwachen lassen; sein Herz zu verstehen, sei die einzige Weisheit, ihm zu folgen, die wahre Tugend.

Kurz, auch hier dreht es sich wieder, wie bei allen Romanen dieser Gruppe, lediglich um das Herz und seine Funktionen und um deren Forderungen.

Schlagen wir ein Buch wie die sechsbändige Geschichte Karl Ferdiners[1]) auf, so finden wir dieselbe Apologie der Empfindung und des Herzens: »Meine Geschäfte«, klagt Ferdiner, »fangen schon an, mir unangenehm zu werden. Es ist nichts, auf die Länge gegen den Widerwillen anzuarbeiten und Kräfte anspannen zu wollen zu Arbeiten, für die wir keinen Mut haben, weil ihre Zwecke dem Herzen keinen Anteil versprechen! Ach! wenn ich dies fühle und mir vorstelle, dass ich diesen Stein nur für Langeweile hin- und herwälze, alle meine thätigen Kräfte in Entwürfen des Erwerbs, der mit der verlorenen Hoffnung, so genossen zu werden, wie ich es wünschte, allen Wert für mich verloren hat, ohne Absicht vernütze, und mich in Geschäften abarbeite, davon ich keinen Zweck sehe, für den mir eine Ader schlägt. Eduard mir schwindelt! Wozu alles? Wenn das Herz verschmachtet? Keine Hoffnung, keine Erwartung, keine Aussicht in eine das Herz belohnende Zukunft, den überschwenglichsten Ertrag, den ich mir von der glücklichsten Anstrengung vorstellen kann, der ihnen Reizung und Wichtigkeit giebt, und immer, immer die Frage unbeantwortet bleibt: wozu das alles?«[2]) Hört man nicht auch hier Werthers Geständnis heraus: »Auch halte ich mein Herzchen, wie ein Kind, jeder Wille wird ihm gestattet«? Gerade mit diesen Worten Werthers ist die Tendenz der ganzen Gruppe bezeichnet, deren Helden entweder mit leidenschaftlicher Energie kraftgenialisch das Ideal ihres Herzens der ganzen Welt aufzwingen wollen, oder im Zwiespalt von Ideal und Wirklichkeit, da sie ihr Alles an dies Ideal hingen, mit diesem zugleich geistig, ja zuweilen auch körperlich zu grunde gehen.

Und wie für den Inhalt Rousseau und Goethe massgebend waren, so blieb auch die Kunstform, die Goethe aus einem Familienbriefwechsel zu den tagebuchartigen Briefergüssen eines Einzigen vereinfacht hatte, dieselbe, die von der neuen Heloïse und dem Werther her gewissermassen mit dem Inhalt verwachsen zu sein

---

[1]) Bresl. u. Lpz. 1777—1780.
[2]) Vergl. dagegen S. 39 die Motivierung der Arbeitsscheu im »Intelligenzblatt«.

schien. Freilich wagte man es selten, zur schwierigsten aber einfachsten Form, die Goethe geschaffen hatte, zu greifen: fast in allen Romanen haben wir mehrere Briefsteller und verschiedene Empfänger, und nur Lenz wich dadurch von der Regel ab, dass sein Roman Zerbin als eine aus dem Nachlass eines Magisters gezogene Erzählung hingestellt wird. Übrigens muss man auch im Zerbin bei einigen Stellen der dichterischen Kunst Lenzs Bewunderung zollen. Die Scene, in welcher Zerbin und die Dienstmagd durch ihre, von verschiedenen zusammentreffenden Verhältnissen gesteigerte Sinnlichkeit moralisch zu Fall kommen, ist eine der besten Schilderungen unserer erotischen Litteratur.

Dieselbe Rolle, die in der Empfindsamkeitsgruppe das Herz spielt, fällt in einer anderen Unterabteilung des Leidenschafts-Ideals der Vernunft zu. Überwucherte dort, einem Parasiten gleich, das Herz alle übrigen Organe der menschlichen Natur, so erstickt hier die Vernunft das Gedeihen und Wachstum der anderen menschlichen Kräfte.

In dieser dritten Gruppe zeigt sich die Überlegenheit der Vernunft von vorn herein durch den veränderten Standpunkt, den die Kritik den Lebensschicksalen gegenüber einnimmt. In den Romangruppen, die zum Gelassenheits-Ideal gehören, blieb der Einfluss, den Staat und Gesellschaft auf das Enzelschicksal haben, meist unerörtert, nirgends wird er als treibende Kraft bei Schicksalswendungen empfunden. Bei den Romanen des Leidenschafts-Ideals spielt aber die Gesellschaftsordnung eine hervorragende Rolle. Vergleicht man unter diesem Gesichtspunkt die beiden französischen Vorbilder, die zur deutschen Empfindungs- und Vernunftsbewegung den Anstoss geben, so sehen wir in Rousseaus Heloïse, ebenso wie im Werther, die Gesellschaft als Quelle des Unglücks hingestellt, dagegen in Voltaires Candide[1]) lesen wir immer zwischen den Zeilen in denen von dem Unglück berichtet wird, das dem Helden widerfährt, dass die Gesellschaft an sich nicht daran Schuld ist, dass sie vielmehr gleichermassen Quelle des Glücks, wie des Unglücks, und zwar in demselben Augenblick sein kann. Es kommt mit anderen Worten eine gewisse Unbefangenheit der Beobachtung, die dem Zusammenhang von Ursache und Wirkung schärfer nachspürt, in diesen Romanen zum Ausdruck.

Das Vorbild für die meisten von ihnen ist der Don Quixote,[2]) der zugleich auch in der Form ein oft nachgezeichnetes Muster

---

[1]) Neu übersetzt. Berl. 1778.
[2]) Madrid 1605; übersetzt von Bertuch. Lpz. 1775—76, 1780—81.

wird: satyrische Abenteurer-Romane finden sich gerade in den Vernunfts-Romanen besonders häufig. Den Grundgedanken, den Cervantes behandelt, den Gegensatz einer erhitzten, auf sonderliche Abwege führenden Phantasie, und einer natürlichen, nur aufs nächste gerichteten Vernunft, finden wir in allen möglichen Variationen erörtert. Und um ein möglichst mannigfaches Feld für die Beobachtung zu gewinnen, ist es ein Hauptbestreben dieser Romanciers, möglichst reichen Stoff herbeizuschaffen. Daher verraten diese Romane leicht einen gewissen Mangel in Bezug auf die künstlerische Beschränkung und Komposition.

Das ist eine Beobachtung, die man am besten in einer weit früheren Epoche, die sich in einer ähnlichen Vernunftsreaktion bewegte, bei Rabelais und Fischart anstellen kann. Der Gargantua und die Geschichtsklitterung leiden deutlicher, als irgend ein anderes Werk an dem Fehler, dass die um den herrschenden Gesichtspunkt der Vernunft krystallisierte Menge von Einzelbeobachtungen, den künstlerischen Rahmen, der sie umspannen sollte, zersprengt, und nach allen Seiten hin regellos auseinander fliesst.

Welche Menge von Einzelbeobachtungen füllen Rameaus Neffen[1]) von Diderot. Grimm nennt den Helden des Romans »ein Genie der Narrheit«. Aber Narrheit und Genie sind bei diesem verkommenen Gesellen so seltsam gepaart, dass man kaum weiss, in welche dieser zwei Kategorieen man diesen »Sophisten der Blasiertheit«, der seinen Geist und seine Vernunft dazu benutzt, die niedrigsten Triebe der Menschennatur mit einem verlockenden Gewande zu verhüllen, rechnen soll.

Le Sage versetzt uns bald in seinem Gilblas in »die Grundstimmung der letzten Jahre Ludwig XIV«, bald tauscht er die Form des Heldenromans mit der des Schelmenromans und lässt uns von dem hinkenden Teufel[2]) eine ganze Welt von Charakter- und Sittenschilderungen vor die Seele führen. Eine ganze Gallerie von Sonderlingen stellt uns Sterne im Tristram Shandy[3]) vor Augen. Aber so verschoben alle Charaktere dieses Romans auch sind, so klar und wahr gezeichnete Spiegelbilder der menschlichen Natur erkennen wir in ihnen; sie erscheinen dem Leser nicht als Zerrbilder, sondern legen ihm die pessimistische Auffassung nahe, dass in jedem Menschen neben der gesunden Vernunft ein gut Stück Narrheit zu finden sei.

---

[1]) 1760.
[2]) 1707, übersetzt Fkf. 1777.
[3]) 1759—67. Übersetzt von Bode. Hamb. 1774, 1776, 1777, 1778.

Und wie Sterne, so wirkt auch Fielding durch die Satyre, indem er Richardsons Tugend- und Lasterpuppen leidenschaftlich bekämpfend, die gesunde Vernunft wieder in ihre Rechte einzusetzen suchte.

In Deutschland fand diese Fieldingsche Reaktion einen starken Widerhall. Das kann uns nicht wundern, wenn wir uns erinnern, dass die Richardsonaden einerseits, die Werther-Stimmung andrerseits, nirgends einen so reichen Boden gefunden hatte, wie gerade hier.

Ausser Musäus, dem Gegner der Kraftgenies und der Empfindsamen, der trotzdem in seiner Physiognomischen Reise[1]) nach dem Wortschatz der Geniesprache greift und unter der Fahne der Vernunft leidenschaftlich geführte Hiebe austeilt, sind besonders Thümmel und Hippel zu nennen.

Thümmel hat an seiner Wilhelmine[2]) ziemlich lange gearbeitet, und in der That ist die Sprache dieses prosaischen, komischen Gedichts von bewundernswerter Feinheit und Reinlichkeit, was man ja von dem Inhalt freilich nicht sagen kann. Schon 1761 schrieb Thümmel an Weisse,[3]) dass er den Roman bald beendet haben würde, aber er kam erst 1764 heraus: »Ich kann es nicht leugnen«, heisst es in dem Brief, »der Roman ist voller Chimäre, bald lustig, bald traurig, bald wieder Grandison (o, das war zu viel!) bald wieder Scarron.« Scarrons Einfluss ist freilich eher zu bemerken, als die Einwirkung des Grandison! Allein der Roman hat vielleicht 1761 anders ausgesehen als bei seinem Erscheinen, wo Thümmel überhaupt zu mancher Änderung sich entschlossen hatte. So ist auch z. B. statt Amors, der dem Magister im Traume erschien und zu seiner Heirat mit dem fürstlichen Kammermädchen, dessen dunkle Vergangenheit nur dem armen Pastor unbekannt ist, zuredet, erst eine Neuerung. Anfänglich sollte Luther diese unrühmliche Rolle spielen, und erst auf die Vorstellungen seiner Freunde änderte Thümmel den Reformator in den Liebesgott um. Wie Kästner und Lichtenberg sucht der Verfasser unter dem Gesichtspunkt der gesunden Vernunft die Götzen des Tages von ihrem Piedestal herabzustürzen, die, um Kästners Worte zu gebrauchen, zu ihrem hohen Ansehen gekommen sind »wie die Kellereseln zu dem Namen Tausendfuss kämen, nicht weil sie so viele Füsse hätten, sondern weil die Meisten nicht bis auf vierzehn zählen wollen«. In der Parallele, die Thümmel zwischen der Hilflosigkeit

---

[1]) Altenburg 1778, 1779, 1781, 1788, 1803.
[2]) Lpz. 1764, 1766, 1768, 1787, 1811.
[3]) Minor Schnorrs Archiv IX S. 473.

und Beschränktheit eines Geistlichen und der Übermacht und dem Übermut des Adels zieht, zwischen blinder Empfindelei und scharfsichtiger Herzlosigkeit, kommen beide Teile äusserst übel fort.

Trotz der Unreinlichkeit des Stoffes gewann die Wilhelmine in dem den Geniemännern feindlichen Lager so viel Beifall, dass Nicolai die Popularität des Romans in seine Fortsetzung der Schicksale des Sebaldus Nothanker auch für sich auszubeuten versuchte: mit welch glücklichem Erfolge wissen wir ja.

Bedeutender als Thümmel, origineller als er und noch in viel stärkerem Sinne ein Verfechter der herrschenden Stellung der Vernunft ist Hippel.

Als erster Vorkämpfer für die Emanzipation der Frauen stritt er gegen die althergebrachte Stellung der »Weiber« im bürgerlichen und im Eheleben, indem er auf eine vernünftigere Auffassung ihrer Pflichten und Rechte dringt. Dazwischen erbaut er ein neues politisches Glaubensbekenntnis auf den Forderungen der Vernunft auf, das dann durch die französische Revolution in vielen seiner Grundzüge die Probe bestand. Man hat stets gegen Hippel eine Menge von Anklagen erhoben, die sich auf den Widerspruch gründen, der zwischen der Lehre seiner Schriften und seiner Lebensführung unleugbar besteht. Bobertag[1]) hat diesen nicht fortzuleugnenden Widerspruch in ein freundlicheres Licht zu rücken versucht, indem er hervorhob, dass Hippel in seinen Schriften gerade eine Art Läuterung seines dualistischen Wesens erstrebt habe.

Ich will diesen Vorwurf nicht noch weiter einschränken, aber ich möchte noch darauf hinweisen, dass Hippel zum mindesten seinen Zeitgenossen in keinem anderen Licht erscheinen wollte, als in dem, in welchem ihn seine allen vor Augen stehende Persönlichkeit erscheinen liess, denn niemand hat seine schriftstellerische Thätigkeit konsequenter und mit mehr Erfolg vor den Augen selbst seiner nächsten Freunde zu verbergen gewusst, als Hippel.

Als die Lebensläufe nach aufsteigender Linie[2]) erschienen, ahnte niemand, dass Hippel ihr Verfasser sei. Der Kampf zwischen Glauben und Wissen, zwischen Vernunft und Gefühl wird in diesem schwer zu übersehenden Roman nicht völlig zum Austrag gebracht, aber die flache Vernunftsaufklärung, die das Unkraut mit dem Weizen ausrotten wollte, wird übel abgefertigt.

Doch der Skeptizismus siegt bei Hippel, wiewohl sich das dunkle Ahnen und kindliche Glauben seines Freundes Hamann

---
[1]) Kürschners deutsche Nationallitteratur, Bd. 141, S. 198.
[2]) Berl. 1778—81. Lpz. 1846.

nicht nur im Stil oft vordrängt. Gervinus nennt den Verfasser der Lebensläufe einen Naturevangeliumsprediger. Soweit damit ein Prediger des Evangeliums der natürlichen Vernunft gemeint ist, kann man den Ausdruck gelten lassen.

Einen leidenschaftlich polemischen Ton stimmt Klinger in der Geschichte Giafars des Barmeciden[1]) an, die eine unverkennbare Ähnlichkeit mit Voltaires Candide hat. Candide, dem die Leibnitzsche Lehre von der besten der Welten durch seinen Hofmeister in succum et sanguinem eingeprägt ist, leidet überall Schiffbruch, bis er endlich, ohne weiter nach Theorie und Grundsätzen zu fragen, in der Bestellung seines Landgutes wenigstens ein Surrogat von Glück gefunden zu haben meint.

Wie Candide durch die Überzeugung, dass ihm in dieser besten der Welten nichts Übles widerfahren könne, unbekümmert auszieht, so macht sich Giafar im Vertrauen auf die Wunderkraft der Vernunft auf den Weg, um die Gesellschaft zur Anerkennung des allgemein verpflichtenden Vernunftgesetzes zu zwingen. An Stelle des verrannten Hofmeisters bei Voltaire steht hier der weise Ahmet. Wie Candide leidet Giafar mit seiner Theorie Schiffbruch, denn seine Überzeugung, dass die Ereignisse der moralischen Welt durch den wahren Gebrauch unserer Vernunft unabhängig von aller äusseren Macht geleitet werden können, wird durch seine eigene Schwäche vernichtet. Die Schönheit seines Weibes führt ihn zuerst von dem vorgezeichneten Wege ab, und den Einflüsterungen seiner Vernunft folgend, häuft Giafar, ein zweiter Macbeth, Fehltritt auf Fehltritt. Nun aber führt Klinger seinen Giafar andere Pfade als Voltaire den Candide. Denn plötzlich erwacht in Giafar doch die alte Überzeugung von neuem, die Kraft seiner Theorie zersprengt die lähmenden Fesseln, Giafar widersteht der letzten und grössten Versuchung und überzeugt selbst den Teufel Leviathan, der ihn unter der Maske Ahmets geleitet hatte, dass die Gesetze der Vernunft in der That die Kraft haben, vor der Verletzung der moralischen Gesetze zu schützen, dass nicht die Umstände unser Schicksal beherrschen, sondern die Vernunft, wenn wir uns nur entschliessen können, frei nach ihr zu handeln. Und in der Überzeugung seines Rechts, im Bewusstsein gesiegt zu haben, überliefert sich Giafar freudig der Hand des Henkers.

So schliesst auch dieser Roman tragisch, insofern der Held sein Leben einbüsst, wenn auch seine Theorie sich bewahrheitet hat.

---

[1]) Petersburg: 1792, 1794, 1799, 1810.

Im Ganzen ist beim **Ideal der Leidenschaft** ein tragischer Ausgang der Romane häufig, denn eben die Leidenschaftlichkeit des Konflikts, die Leidenschaftlichkeit, mit der die Theorieen verfochten werden, lassen einen Kompromiss schwerer zu, als bei den Romanen des Gelassenheits-Ideals, bei denen überdies immer noch der Ausweg einer schwächlichen Resignation bleibt, der denn auch, wie wir sahen, oft genug betreten wird. Die Furcht vor einem tragischen Ausgang ist für das Gelassenheits-Ideal äusserst bezeichnend.

Alle Romane, von denen ich bisher sprach, bewiesen eine mehr oder minder stark hervortretende Einseitigkeit, mit der die besondere Ausbildung einer einzelnen Kraft der menschlichen Natur betont ist. Wir sahen Moral, Empfindung und Vernunft auf verschiedene Weise abwechselnd um die Oberherrschaft streiten, indem die Einen ohne Beziehung auf die Welt diese besondere Ausbildung sich selbst angedeihen lassen wollen, die Anderen, deren »sich gränzenlos erdreustenden« Typus Goethe im Baccalaureus so unvergleichlich richtig gezeichnet hat, ihr Ideal der ganzen Welt aufzudringen suchen. Und jede dieser Strömungen rief eine Gegenströmung, eine Reaktion hervor, die gegen Einseitigkeit kämpfend selbst einseitig wurde.

Von dem **Winckelmannschen Ideal allseitiger und harmonischer Ausbildung** war in diesen Romanen nichts zu spüren. Aber schon vor Winckelmann gab es zwei englische Romane, welche auf eine ähnliche Tendenz hinausliefen; der eine durch eine Satyre, der andere durch eine mehr pädagogisch gefärbte Erzählung.

Gullivers Reisen von Jonathan Swift war der erste Roman, der auf die Folgen einseitiger Ausbildung, auf die Folgen einer mangelnden Harmonie aufmerksam machte. Mit grotesker Phantasie erfand Swift eine Reihe fabelhafter Länder und Reiche, deren Bewohner sämtlich durch den Mangel harmonischer Ausbildung uns lächerlich erscheinen. Bei den Liliputanern wirkt der Gegensatz der Geistesgrösse zu der Körperkleinheit komisch, bei dem Riesengeschlecht berühren uns ihre ungeschlachte Dummheit und ihre sittliche Unbildung peinlich. Am stärksten aber ist diese Disharmonie auf jener Luftinsel uns vor die Seele geführt, denn die Bewohner der chimärischen Insel sind alle mathematische Genies von bewunderungswürdiger Geistesschärfe; aber diese einseitige Ausbildung hat derartig alle andern Organe verkümmern lassen, dass diese Luftinsulaner für die einfachsten und nächstliegenden Lebensäusserungen sich völlig unfähig zeigen.

Mit diesen Gegenüberstellungen hatte Swift ohne Zweifel einen äusserst glücklichen Griff gethan; allein diese Anregung ging beinahe völlig verloren, denn Fielding und Sterne, bei denen man sie vielleicht aufgenommen zu sehen glaubt, verfielen selbst zu sehr in Einseitigkeit, um eine würdige Nachfolge Swifts darzustellen.

Und an echter Gefolgschaft hat es auch dem andern hierher gehörigen englischen Roman gefehlt. Defoes Robinson Crusoe hat freilich mehr Auflagen, Übersetzungen, Bearbeitungen und Nachahmungen erlebt, als irgend ein anderer Roman in der Welt, aber entweder hat man sich an die fabulierende Seite des Robinsons oder an die moralische Seite des Romans gehalten und Abenteurer- oder pädagogische Geschichten aus ihm zugeschnitten, gerade als ob wir nicht schon vor dem Robinson Ritter-, Räuber-, Entdeckungs-, Abenteurer- und moralisch-lehrhafte Schriften besessen hätten. Der eigentliche Kern des Robinsons, die Schilderung der körperlichen und geistigen Entwickelung Robinsons in ihrer durch seine Umgebung bedingten Stufenfolge, ist bei keiner Nachahmung so glücklich dargestellt worden wie im Original, ebenso wenig wie irgend einer der Kunst- und Erziehungsromane des 18. und 19. Jahrhunderts in dieser Hinsicht den Wilhelm Meister erreicht hat.

Der Mangel einer würdigen Gefolgschaft ist aber nicht die einzige Ähnlichkeit, welche die beiden Romane mit einander haben.

Robinson wie Wilhelm sind gut veranlagte, lebenskräftige, glückliche, aber keineswegs über das Durchschnittsmass erheblich hinausragend begabte Naturen. Beide geraten im Verlauf ihres Lebens in Lagen und Umstände, auf die sie ihre ursprüngliche Bestimmung keineswegs hingewiesen hatte, und diese Umstände zwingen beide Jünglinge zu einer durchaus allseitigen Ausbildung aller in ihnen ruhenden Kräfte.

Die Bildungsmittel sind freilich bei Robinson und Wilhelm diametral entgegengesetzter Art.

Robinson wird von allen Hilfsmitteln entblösst auf eine einsame, völlig unbebaute, unkultivierte Insel verschlagen. Zuerst nur von den allernatürlichsten, ursprünglichsten und nächstliegendsten Bedürfnissen der eigenen Lebenserhaltung angetrieben, bildet er schrittweise seine anfänglich matten widerstrebenden Kräfte, sein anfänglich gänzlich unzureichendes Können, sein anfänglich verworrenes und dürres Wissen bis zu einer Höhe aus, die ihn befähigt, einen mit fast utopischer Vollkommenheit ausgestatteten Musterstaat zu gründen und regierend zu erhalten, zu einer Höhe also, die man wohl mit Recht allseitig und harmonisch nennen darf.

Die Welle, die den Wilhelm Meister von seiner Heimat fortträgt, bringt ihn nicht an menschenleere und urzuständliche Gestade, und die Kräfte, die an ihm bilden, sind nicht die ersten, ursprünglichen Regungen des Selbsterhaltungstriebes, sondern es ist eine kulturell hochstehende Umgebung, die Wilhelms allseitige harmonische Ausbildung fördert, indem sie ihn von Stufe zu Stufe hebt. Was bei Robinson die Natur wirkt, ist hier die Aufgabe verschiedener Menschenklassen. Während die erste Stufe — es sind fast immer weibliche und kindliche Bildungskünstler um Wilhelm beschäftigt — der Verkehr mit Marianen, in ihm das Gefühlsleben weckt und erweitert, bildet die Schauspieltruppe seine Gefühle zu Fähigkeiten um. Aber nicht nur Gefühl, Kunst und Wissenschaft, sondern das praktische Leben selbst vollenden Wilhelms allgemeine Menschenbildung, die harmonische Entfaltung aller seiner Anlagen; und nachdem Wilhelm von Philine und Mignon, von Aurelia und Felix, von Therese und Natalie in die Schule genommen ist, hat er seinen Bildungsgang durch Natur und Kunst vollendet und gelangt zu Nataliens Lebensideal: einer steten fürsorglichen Hilfsbereitschaft.

So schreitet Wilhelm von dem einfachen Bedürfnis der Körperausbildung zur Ausgestaltung seines Geistes fort; von der Ausbildung zu dem Zwecke des eigenen Wohlbefindens gelangt er zu dem Ziel allgemeiner Nützlichkeit und wird, wie Goethe von Robinson sagte (Gespräch II, 720), der Repräsentant einer »Thätigkeit, die sich mit der Welt misst«. Und wie wir im Robinson den Fortschritt der Menschheit von den unbeholfensten Anfängen bis zu einem verwickelten Staatsleben widergespiegelt sehen, so versinnbildlichen Wilhelm Meisters Lehrjahre den Fortschritt des einzelnen Menschen vom Egoismus zur Kosmophilie.

Kapitel IV.

Die Beschreibung der in den Romanen vorkommenden Personen.

Die beiden vorigen Kapitel suchten die Gesichtspunkte meiner Zweiteilung zu begründen durch eine Beschreibung der Romane, d. h. ihrer Abfassungszeit, ihrer litterarhistorischen Stellung, ihrer Abfassungsform und der wesentlichen Richtung ihres Inhalts.

Dabei wurden die Romane als ein Ganzes betrachtet. Nun aber wollen wir dieses Ganze in seine einzelnen Teile auflösen und zusehen, wie sich diese einzelnen Teile unter den in vorigen Kapiteln gefundenen Gruppen zusammenfassen lassen. Dabei wird es sich zeigen, dass hier und da Züge in den Romanen der einen Gruppe mit Zügen von Romanen einer anderen Gruppe übereinstimmen. Aber ich glaube nicht, dass diese Übereinstimmungen, die ja bei jeder Einteilung unvermeidlich sind, den Eindruck einer völligen Grenzverwischung hervorrufen können. Gewisse Stimmungen sind der ganzen Epoche gemeinsam, ich meine aber, dass dadurch die Notwendigkeit der Einteilung in einzelne Gruppen nicht vermindert wird.

In diesem Kapitel wollen wir der Beschreibung der Personen unsere Aufmerksamkeit zuwenden, der Beschreibung ihres Äusseren, ihres Wesens und ihrer Beschäftigung.

1. Das Äussere der Person.

a) Das Lebensalter.

Es gehört zwar zum Wesen des Romans, dass in ihm das Leben des Helden von der Wiege bis zum Grabe erzählt wird, allein in beinahe jedem Roman wird einem Teil der Lebenszeit des Helden besondere Aufmerksamkeit geschenkt. Das kennzeichnet sich schon oft äusserlich dadurch, dass die Erzählung an einem besonders bedeutungsvollen Moment in der Lebenszeit des Helden einsetzt, und dass die, diesem Lebensalter vorausliegende Zeit nur gewissermassen als Vorgeschichte, mehr oder minder skizzenhaft, in der Erzählung nachgeholt wird. Häufig fällt der Vorhang schon vor dem Tode des Helden, und der Verfasser zeigt damit an, dass die Schicksale des darauf folgenden Lebensabschnittes ihm minder interessant erschienen: häufig werden die letzten Lebensjahre mit wenigen Strichen gezeichnet, häufig die ersten, häufig einzelne Lebensabschnitte überhaupt übersprungen. Können wir schon daraus, dass gewisse Lebenszeiten des Helden vom Verfasser in helleres Licht gerückt werden, andere verschleiert, andere ganz im Dunkeln bleiben, die Vorliebe des Verfassers für ein bestimmtes Lebensalter mutmassen, so wird das Alter, in dem die anderen Personen auftreten, seien es nun Figuren von hauptsächlicher, von nebensächlicher, von episodischer Bedeutung, uns weitere Anhaltspunkte für die Vorliebe des Verfassers für bestimmte Lebensalter geben. Es ist nur die Frage, ob sich diese Schwankungen systematisieren lassen, ob sie nur von der Individualität, besonders von dem Alter des jeweiligen Schriftstellers selbst, oder von der Richtung einer ganzen Epoche abhängig sind.

Das Material, das ich für den Zweck meiner Arbeit zusammengebracht habe, ist nicht weitschichtig genug, ein bestimmtes Urteil hierüber zuzulassen.

Aber es will mir scheinen, als wenn, um von den hier besprochenen Epochen zu reden, das Gelassenheitsideal, für die männlichen Personen wenigstens, ein höheres Alter bevorzuge, als das Ideal der Leidenschaft. Der Grund liegt auf der Hand. Ruhiges Handeln, gemässigtes Fühlen, gelassenes Denken, kommt einer höheren Altersstufe zu, als impulsives Handeln, leidenschaftliches Fühlen und rasch aburteilendes Denken.

Sehen wir uns zunächst das **Gelassenheitsideal** und zuerst die **Gruppe der Moral** an.

Als Gellert seine schwedische Gräfin schrieb, war er 31 Jahr alt. In demselben Alter stehen auch die männlichen Hauptpersonen der Erzählung. Sie beginnt mit der Verheiratung des Grafen, von da bis zur Flucht seiner Gattin nach Holland verstreichen acht Jahre; sechs Jahre dauert die Irrfahrt des Grafen, ein halbes Jahr bringt dann das neuvereinte Paar in Holland, ein halbes in England zu, so dass wir also die Schicksale des schwedischen Grafen von seiner Verheiratung bis zu seinem Tode fünfzehn Jahre lang verfolgen. Als er sich vermählt, wird er »für einen Obersten noch jung« genannt, und da sein bester Freund, Herr R., beim Beginn des Romans 31 Jahre alt ist, so werden wir gewiss nicht fehl gehen, wenn wir uns den Grafen in ungefähr demselben Alter denken. Dass Herr R. bei Beginn des Romans 31 Jahre alt ist, lässt sich genau feststellen. Als die schwedische Gräfin Herrn R., dem treuesten Freund ihres totgesagten Gatten die Hand reicht, sind neun Jahre seit dem Beginn des Romans verstrichen. Herr R. wird bei seiner Vermählung »40 Jahre alt« genannt, er ist also im Roman von seinem 31. bis zu seinem 40. Jahre geschildert. Auch von Steeley, dem Genossen des Grafen in der sibirischen Gefangenschaft, hören wir, dass er »in den dreissigern« ist. Diese drei Männer sind die Hauptpersonen des Romans; deshalb fällt das Alter der übrigen männlichen Personen weniger ins Gewicht, nur das scheint mir erwähnenswert, dass zwei Greise, des Grafen und Steeleys Väter, mit besonderer Liebe geschildert sind. Das Alter der weiblichen Personen steht zu dem der männlichen in herkömmlicher Beziehung. Die erste Geliebte des Grafen hat bei Beginn des Romans bereits von ihm einen fünfjährigen Knaben, ist also mindestens zwei- bis dreiundzwanzig Jahre alt; die schwedische Gräfin selbst heiratet mit siebzehn Jahren, in einem Alter also, in dem die Mädchen jener Zeit gewöhnlich in die Ehe traten.

Auch in Sophiens Reise von Memel nach Sachsen hat die männliche Hauptperson Lesz †† das Jünglingsalter überschritten. Der rauhe biedere Kapitän Puff nennt sich in seinem schriftlichen Heiratsantrag einen Vierziger. Sophie wird »jung« genannt, in Zahlen ist ihr Alter nirgends angegeben.

In Sattlers Friederike oder die Husarenbeute sind Reinfort, Linden, Wiese, Bleau und der Pfarramtskandidat Frühlaut in einem Alter, in dem man damals höhere »Bedienungen« zu erhalten pflegte, sie sind zwischen 27 und 35 Jahre alt. Auch der in jener Gruppe so beliebte rüstige Greis fehlt nicht; den Husarenrittmeister Wacker, den Pflegevater der Heldin, haben »etliche und siebenzig Jahre« erst zum »Graukopf« gemacht. Friedericke ist »ein Mädchen von 18 bis 20 Jahren« und ihre Freundinnen sind wohl als ihre Altersgenossinnen zu betrachten.

Eine höhere Altersstufe beim weiblichen Geschlecht ist das Ideal der Sophie La Roche. In den freundschaftlichen Frauenzimmerbriefen ist Henriette 24, Madame D. 34 Jahre alt. Herr von T. steht an der äussersten Schwelle der zwanziger Jahre.

Ebenso spielt in Lottchens Reise ins Zuchthaus die Frau in den zwanziger, der Mann sogar in den vierziger Jahren die Hauptrolle.

Im Empfindsamkeitsroman bemerken wir kein durchgehendes Prinzip. In Sternes empfindsamer Reise ist neben dem jungen La Fleur der Pfarrer Yorik entschieden ein Mann in den besten Jahren, seine wesentlichste Reisebekanntschaft »Die Dame« hatte »ein Gesicht von etwa 26«, und von dem Mönch heisst es: »er mochte etwa 70 Jahre sein, aber... er war gewiss 65«.

Bei Heinrich Stilling wird, wie es in psychologischen Romanen mit Vorliebe geschieht, das Leben des Helden von der Geburt an beleuchtet. Hier wird es kaum über die Jünglingsjahre hinausgeführt, aber bei der Schilderung der übrigen Personen macht sich eine gewisse Hinneigung zum kräftigeren Alter, ja eine unverkennbare Vorliebe für würdige Greise bemerkbar.

Ein ähnliches Extrem finden wir im Siegwart: ganz jugendliche Personen und viel erfahrene alte spielen die Hauptrolle.

In der Vernunftsgruppe führt Nicolai nur Männer vor, die das dreissigste Jahr schon überschritten haben; Merks Oheim, Lenzs Landprediger und Blanckenburgs Helden stehen in derselben Altersstufe gereifter Männlichkeit. Im Lorenz Starck endlich blikt der Titelheld bereits auf drei Generationen herab, sein Sohn Carl hat das dreissigste Jahr überschritten und dessen Braut Madame Lyck war »nicht mehr in der ersten Blüte der Jugend«, »ihr 24. oder 25. Jahr mochte sie immer schon zurückgelegt haben«.

Im Ideal der Leidenschaft zeigt die Gruppe der Genussfreiheit mit Ausnahme des Demokrit äusserst jugendliche Helden. Demokrit ist mit 20 Jahren auf seine Reise ausgezogen, und 20 Jahre von der Heimat fortgeblieben, er tritt also im Roman als ein Mann von 40 Jahren auf.

Die Gruppe der Romane, in denen für die Empfindung Freiheit gefordert wird, beginnt gleich mit dem Jüngling Werther und seinem ebenso jugendlichen Freundschaftskreis. Im Waldbruder von Lenz ist nur der Oberst von Plettenburg »schon bei Jahren«. Er merkt es »an seinen Haaren, dass er alt wird«. Aber ausser ihm und Frau Hohl treten nur äusserst jugendliche Personen auf. Im Zerbin von Lenz heisst es von Herz, dass er »ein junger Berliner« war. Bei Renatchen, die schon als recht bejahrt geschildert ist, »fing das zweiundzwanzigste Jahr leis an ihre Thür zu klopfen an«. Marie wird allgemein als »jung« bezeichnet. Jacobis Helden sind ebenfalls Jünglinge; Allhill ist noch nicht 24 Jahre alt, Woldemar, seine Freunde und Freundinnen, können kaum älter sein.

Die Vernunftsgruppe hat es meist mit Lebensgeschichten ab ovo zu thun, aber auch dabei können wir eine vorwiegende Idealrichtung darin beobachten, dass die ausführlichste Schilderung sich auf die Bildungsjahre der Helden bezieht und der übrige Teil ihres Lebens kürzer abgehandelt wird.

Im Wilhelm Meister finden wir auch darin eine gewisse Allseitigkeit, dass der Dichter für keine der Altersstufen, die vom fünfjährigen Felix bis zum greisen Harfner fast lückenlos vorgeführt sind, deutlich Partei nimmt.

b. Gesichts- und Körperbildung.

Das Ideal der männlichen Schönheit für den moralischen Roman des Gelassenheitsideals ist in der schwedischen Gräfin von Gellert ziemlich klar geschildert; es ist die kühne Männlichkeit, deren Feuer durch eine milde, edle Gesinnung im Zaum gehalten wird. Es heisst vom Grafen, er sei »sehr wohl gebildet«, er »war vortrefflich gewachsen«, »er sah bräunlich im Gesicht aus«, und »er hatte ein paar so feurige blitzende Augen, dass sie einem eine kleine Furcht einjagten, wenn man sie allein betrachtete. Doch seine übrige Gesichtsbildung wusste dies Feuer so geschickt zu dämpfen, dass nichts als Grossmut und eine lebhafte Zärtlichkeit aus seinen Mienen hervorleuchtete«. Auch Steeley ist eine »männliche Schönheit«, »schwarze Haarlocken, schwarze Augen und weisse Zähne« werden an ihm besonders gelobt; an Carlson wird das »feurige Aussehen« des »sehr einnehmenden, blühenden« Jünglings hervorgehoben. Eine gute Gestalt macht einen Hauptfaktor im männlichen Ideal aus, denn selbst Herr R. der »trotz seiner traurigen Mienen gelassen und zufrieden« aussah, war »wohlgewachsen«. Gellert teilt seine gleichmässige Farbe einnehmender Gelassenheit sogar dem rauhen Kosacken zu mit »seinem wilden ehrlichen Gesicht«, und dem Juden, dessen »grauer Bart und langer polnischer Pelz ihm ein ehrwürdiges Aussehen gaben«. Man sieht überall das Ideal eines gleichmässigen Milieu durchschimmern; denn wie bei der Jugend das Übergewicht des Feuers durch andere Eigenschaften niedergehalten wird, so »widerlegen« beim alten Steeley »die muntern Augen das rote Gesicht, der trotzige Gang das eisgraue Haar« dieses englischen Gentleman. Das Ideal der Frauenschönheit ist bei Gellert weniger klar gezeichnet. Mariane ist blond und hat »grosse blaue schmachtende Augen«, die Kosackin hat schwarze Augen, sonst wird meist gesagt, dass die Frauen und Mädchen »schön«, »wohlgestalt«, »recht abgemessen« aussahen; aber das schönste Lob bleibt das, wenn »Grossmut«, »Gefälligkeit« und »Artigkeit« sich in den Zügen abspiegeln, ja bei Florentine »vertritt« geradezu die »Artigkeit den Mangel der Schönheit«.

Hermes schildert in Sophiens Reise sein männliches Ideal, Herrn Lesz**, als den »schönsten Mann«, »gross und sehr vortrefflich gewachsen«, »braun«, »kurz er war zum bezaubern schön«. Auch der bejahrtere Herr Puff »stellt eine sehr hübsche Person dar«. Etwas ausführlicher ist das weibliche Geschlecht, besonders die Titelheldin geschildert, »sie ist die Schönheit selbst, und ihr ganzes Geschlecht steht in Absicht der äusseren Gestalt ebenso von ihr ab, wie in Absicht des Singens von den Neapolitanern«. Sie ist »ein nicht kleines Frauenzimmer, vorzüglich schön gewachsen, ein sehr durchdringender Blick, grosse, nicht allzu nahe bei einander stehende Augen, lange und feine Augenwimpern, übrigens sehr schön, besonders am unteren Teile des Gesichts, vorzüglich schöne Zähne, vorzügliche Finger für das Klavier, ein einnehmender Gang, etwas entscheidend Schönes in der Aussprache des Deutschen und Französischen«.

Während hier Sophie noch mit recht einfachen Mitteln beschrieben ist, wird Friederike, die Heldin des Sattlerschen Romans, schon durch weiter hergeholte Vergleiche geschildert; bald hat sie »alles was jener Zeuxis in seine Helena hineinmalte«, bald liegt sie da wie eine »schlafende Grazie«, sie ist »schön«, »schlank wie eine Birke«, »schwarzlockigt«, »taubenartig«, »mit Augenbrauen, als hätte sie Ösers zartester Pinselstrich hingetuscht, die das schönste Auge verraten, mit Wangen mit dem schönsten Karmin inkarniert, mit einem Munde, dem Sitz der Anmut«; sie ist eine »Brünette« und unter dem Hut »flossen Locken hervor, deren Nacht den weissesten Hals beschattete«. Und wie Friederike brünett ist, so hat auch Julchen schwarze Augen. Eine Männerschönheit ist nicht gezeichnet, nur das Ideal eines alten, ehrlichen, geraden Husarenrittmeisters: »ein alter Graukopf mit einem grossen Schnurrbart, fürchterlichen Blicken, einer etwas mehr als männlichen Stimme, der linke Arm fehlt ihm«.

In Lottchens Reise ins Zuchthaus werden die Männer und Frauen mit ziemlich allgemeinen Redensarten in die Rubrik »schön« gewiesen. Nur Frau von Baar, ein Seitenstück zu Florentine in der Schwedischen Gräfin, gefällt allen, ohne schön zu sein durch den »gewinnenden Ausdruck ihrer Miene«. Ausführlicher wird das Äussere der Frau von Klapperbein geschildert: »sie hat einen Kopf wie Roland, ihr Gesicht ist sehr rund, oder dass ich es deutsch sage, ihr Kopf ist wie ein Kochtopf, an welchem die langen Ohren trotz dem Midas die Henkel vorstellen können. Das ganze Gesicht mit Kupfer überzogen. Flachshaare, hier und da quittegelb, blaue schlafsüchtige nichtssagende Augen in tiefen Höhlen, buschigte Augenbrauen, auf der rechten Wange ein schwarzer, auf der linken ein weisser Fleck, sie ist mager«.

Solche Karrikaturen schildert Sophie La Roche nicht, dafür fehlt aber eine rechte Charakteristik des Äusseren überhaupt. Ihr Ideal ist nicht mehr das Kraftvolle, Feurige, Gesunde, sondern auch bei den Männern verwendet sie überwiegend bleiche, weiche Töne in der Schilderung. Herr von St., »der schönste junge Mann, den man sehen kann«, gleicht dem »Antinous, als er sich mit sechsundzwanzig Jahren den Mienen des männlichen Alters näherte«; Herr von T., »ein grosser, edelgebildeter, junger Mann, ist »etwas hager und blass, mit schönen und grossen Augen«. Das eigentliche Idealbild stellt Herr C. dar: »ich fand in seiner Gestalt das, was für mich die edle schöne Grösse des liebenswürdigsten Mannes ausmacht. Die Bildung seines Gesichts war nicht so regelmässig schön als seine Figur. Aber Züge der Winckelmannischen Seelen, Ruhezüge des denkenden Geistes und des festen Charakters, der nichts thut, als was er will, waren in seinem Gesicht, welches durch das Gemische von Leichtigkeit der Ideen desto interessanter wurde«. Das Ideal der weiblichen Schönheit ist in Henriette von Effen gezeichnet. Sie hat ein »blasses, sehr edel gebildetes Gesicht. Ihre Gestalt machte mich staunen, schöner Mund, rührender Stimmenklang, hübsche griechische Stirn, dunkelblaue Augen, vortreffliche Augenbrauen, schönste Leibesgestalt, edler Gang, edle Bewegung des Kopfes und der Arme und überall ein Ausdruck von gemischter Schwermut und Liebe«. In Madame D. haben wir den seit Gellert stehend gewordenen Typus der nicht schönen, aber einnehmenden weiblichen Physiognomie.

In der Empfindsamkeitsgruppe finden wir die eben erwähnte Figur bei Yorik wieder. Er sagt von der »Dame«, dass sie ein Gesicht hatte »von einem klaren durchsichtigen Braun ohne Putz, Puder und Schminke, nicht schön nach den Regeln, aber interessant«. Am deutlichsten von allen Personen des Romans ist der Mönch geschildert. »Es war eine dünne und schmächtige Gestalt, etwas über die gewöhnliche Grösse, wenn sie nicht durch die gebückte Haltung etwas von dieser Auszeichnung verloren hätte«. »So weit ich aus den Spuren der Tonsur schliessen konnte, von denen nur noch wenige zerstreute Haare an den Schläfen übrig waren, mochte er etwa siebzig sein, aber nach den Augen und dem Feuer, das in ihnen lag und das mehr durch die Höflichkeit als durch die Jahre gedämpft erschien ...« »Und der allgemeine Charakter seiner Züge stimmte damit überein, obgleich es schien, als habe etwas vor der Zeit Runzeln in sein Gesicht gesäet ....« »bleich, durchdringend, frei von allem Gewöhnlichen ... blickte er vorwärts, aber es schien, als blicke er nach etwas jenseits der Welt«. Der Kopf hätte einem Braminen angestanden, aber seine übrigen Umrisse waren weder fein noch sonst etwas, ausser wozu Charakter und Haltung sie machten«.

Die Gegensätze zweier weiblichen Gestalten schildert der Siegwart: »Salome sah nicht gut aus, denn sie hatte Sommerflecken, eine etwas aufgeworfene Nase und ziemlich hellrote Haare«. Therese dagegen besitzt »ein volles, rundes Gesicht, das von der Farbe der Gesundheit glühte, und grosse, dunkelblaue Augen. Wenn sie lachte, bildeten sich ein paar Grübchen in den Wangen und man sah die Göttin der Anmut vor sich. Ihre Haare waren dunkelbraun und lang, ihr Wuchs mittelmässig gross«.

Es ist wohl kein Zufall, dass in den Vernunftsromanen so selten Personalschilderungen vorkommen; der Schwerpunkt liegt so ganz in der Seelenthätigkeit, dass das Äussere darüber zu kurz kommt. Nur der sorgfältige Merck beschreibt ein paar seiner Personen. Herr »Oheim ist ein langer Mann«. Er »enthüllte die edelste Bildung in der simpelsten Darstellung. Sein Haar war nach Bauer- oder Wiedertäuferart ganz grade abgeschnitten«. Seine Tochter ist »ein allerliebstes blondes Mädchen. Ihre schönen Haare fielen in all ihrem Reichtum über den Rücken herab«.

Das Ideal der Leidenschaft zeigt sich äusserst karg im Beschreiben des Aussehens der Personen. In der ersten Gruppe ist eine Äusserung Demokrits »eines feinen, stattlichen Mannes«, »ziemlich braungelb von Farbe«, besonders bemerkenswert: »unter schönen Augen«, sagt er, »verstehe er solche, in denen sich eine schöne Seele malt«.

Auch in der Empfindsamkeitsgruppe bemerken wir die grösste Sparsamkeit in der Schilderung des Äusseren. Im Werther wird Lotte mit einigen Worten beschrieben. Wir hören, dass sie »ein schönes Frauenzimmer« sei, »ein Mädchen von schöner Gestalt mittlerer Grösse« mit »lebendigen Lippen«, »frischen muntern Wangen« und »schwarzen Augen« — das ist alles. Herz im Waldbruder sieht aus »wie ein Gespenst mit grossen, stieren Augen«, »er war bleich und blass«. Wenig konkret beschreibt Lenz die Stella, die Herz »in aller ihrer Herrlichkeit« erblickte. »Das war ein Spiel der Farben und Mienen? Wenn der Himmel mir in diesem Augenblick aufgethan würde, könnte er mir nichts schöneres weisen«. »Das

Vergnügen funkelte aus ihren Augen, o welch eine elysische Jugend, blühend und duftend auf ihren Wangen. Ihr Lächeln zauberte mir die Seele aus dem Körper«. Eine Karrikatur wird in Frau Hohl gezeichnet: »sie hat eingefallene Augen, den Mund auf die Seite verzogen, der ein wahres Grab ist, das, wenn sie ihn öffnet, Totenbeine weist, eine eingefallene Nase ...« Von einem jungen Mädchen wird gesagt, »es war ein freundlich rosenwangigtes Mädchen«.

Im Zerbin hören wir vom Helden nur, dass »seine äussere Gestalt ziemlich gut ins Auge fiel«. Das kokette Renatchen schildert Lenz: »alles war auf ihrem Gesicht, auf ihrem Körper vereinigt, was bezaubern konnte; grosse schwarze Augen, die mehr sagten, als sie fühlte; Mienen, welche ebensoviele Netze für die Freiheit des Herzens waren«. Die Dienstmagd Marie, hat »einen Wuchs, so schön als er sein konnte«, sie ist »schlank, rehfüssig, ihr Gesicht nicht fein, aber die ganze Seele malte sich darin«. Dass Jacobis Romane arm an Personalbeschreibung sind, ist bei der vorwiegend philosophischen Tendenz derselben nicht verwunderlich. Schönheiten sind bei ihm selten. Im Woldemar wird Alwine »schön« genannt, Henriette »war nicht, was man schön nennt«. »Sie hatte etwas, was von Schönheit entfernte; besonders im Gesicht jene Wachsamkeit und Klarheit, der wir so übel wollen und so gern einen bösen Namen machen«.

In der Gruppe des Vernunftsideals ist von der Beschreibung der Personen nichts Nennenswertes zu finden.

Im Wilhelm Meister ist Goethe nicht so wortkarg bei der Beschreibung des Aussehens der Personen gewesen, wie im Werther. Freilich vom Titelhelden hören wir wenig; dass er ein hübscher, dem Frauenauge wohlgefälliger Jüngling war, geht aus dem Zusammenhange oft hervor; dass er anfangs etwas mager und unentwickelt, später als Mitglied der geheimen Gesellschaft an Fülle und Stattlichkeit zugenommen hat, hören wir von Werner, als dieser mit Wilhelm des Gutskaufs wegen zusammentrifft; sonst erfahren wir nur, dass er anfangs Locken trug, die er als wandernder Schauspieler, »um dem natürlichen Ideal«, dem Prinzen Heinz, »mindestens näher zu kommen«, »unbarmherzig« abschnitt. Mariane war schön und hatte blondes Haar. Auch Philine ist blond, und trug ihr Haar oft lang herunterhängend; sie ist »ein wohlgebildetes Frauenzimmer«, »eine angenehme Heiterkeit belebt ihr Gesicht«, und wenn sie ein kurzes Röckchen trägt, so lässt das »die niedlichsten Füsse von der Welt sehen«. Mignon dagegen hat eine »bräunliche Gesichtsfarbe«, »schwarze Haare und Augen«, »ihr Körper war gut gebaut, nur dass ihre Glieder einen stärkern Wuchs versprachen, oder einen zurückgehaltenen ankündigten. Ihre Bildung war nicht regelmässig, aber auffallend, ihre Stirne geheimnissvoll, ihre Nase ausserordentlich schön, und der Mund, ob er schon für ihr Alter zu sehr geschlossen schien, und sie manchmal mit den Lippen nach einer Seite zuckte, noch immer treuherzig und reizend genug«. Ihr Vater hingegen hat blaue Augen: sein Körper ist schlank, »sein kahler Scheitel war von wenig grauen Haaren umkränzt, grosse blaue Augen blickten sanft unter langen weissen Augenbrauen hervor. An eine wohlgebildete Nase schloss sich ein langer weisser Bart an, ohne die gefällige Lippe zu bedecken«. Friedrich ist blond und hat grosse blaue Augen; von seiner Schwester, der Gräfin, ist nur die Schönheit, Jugend, Anmut, Zierlichkeit und eine gewisse Schamhaftigkeit des Ausdrucks gerühmt. Jarno ist blond und hat blaue Augen: »grosse hellblaue Augen leuchteten unter einer hohen Stirne hervor, nachlässig waren seine blonden Haare aufgeschlagen, und seine mittlere Statur zeigte ein sehr wakres, festes und bestimmtes Wesen«. Natalie hat eine »schöne Gestalt«, und »hohe, sanfte, stille, teilnehmende Gesichtszüge«; Aureliens Gesicht ist »geistreich« mit einem »entschiedenen Zug des Kummers«. Von Felix heisst es: »um die offnen Augen und das volle Gesicht kräuselten sich die schönsten goldnen Locken, an einer blendend weissen Stirne zeigten sich zarte dunkle sanftgebogene Augenbrauen, und die lebhafte Farbe der Gesundheit glänzte auf seinen Wangen«. Der allgemein vergötterte Lothario ist nur als ein »wohlgebildeter« Mann beschrieben. Therese ist »wohlgebaut, ohne gross zu sein«. Sie »bewegte sich mit viel Lebhaftigkeit und ihren hellen, blauen, offnen Augen schien nichts verborgen zu bleiben, was vorging«. Von der »schönen Seele« hören wir, dass, als sie sich zufällig entkleidet einmal im Spiegel erblickte, »sich auch ohne Hülle für schön halten durfte«.

Es ist nicht schwer, sich aus diesen Bemerkungen das Idealbild Goethes zu konstruieren: Mann und Frau sollen nicht zu gross, wohlgewachsen, blond und blauäugig sein: schöne Augenbrauen erscheinen als besonderer Vorzug; ein heller klarer Blick bei Männern, Anmut bei Frauen vollenden das Bild von Goethes Ideal. Von allen Personen hat allein Mignon schwarze Haare und Augen; als Italienerin durfte sie nicht anders erscheinen, alle übrigen Personen sind als blond geschildert. Man sieht da so recht die Einwirkung, die seine Umgangskreise auf Goethe haben: im Werther ist noch der dunkle Typus bevorzugt, Lotte und Maximiliane hatten dunkle Haare und Augen, dem Weimaraner ist das Blonde Ideal geworden.

c. Kleidung.

Das, was wir über die Kleidung hören, trägt oft viel zur Charakteristik der Personen bei. Für das Gelassenheitsideal war z. B. das, was Richardson über seine Kleidung sagt, bezeichnend und typisch. In der Gruppe der Moral zeigt sich das gleich bei Gellerts Gräfin. Sie trägt bei ihrer improvisierten Hochzeitsfeier »nur einen leichten, aber wohlausgesuchten Anzug«. Eine berechnende, sinnliche Koketterie spricht sich in dieser Auswahl aus, denn der Graf lobt den Anzug, weil er nach dem Körper gemacht sei und die vollen Formen der jugendlichen Gräfin scharf hervortreten lasse. Die romantische Amalia trägt »Amazonenkleider«, ein andermal sieht man sie in einem »enganliegenden Leibchen und grossen weissen Ärmeln drei- oder viermal mit Band gebunden und in Locken, die bis auf die Schultern hingen«. Die vielen Garderobebemerkungen in Rosaliens Briefen sind uninteressant; denn ob Henriette »in rosafarbenem Anzug bezaubernd aussah«, Rosalie »in Leinen, aber nett angezogen war«, oder Emma »ein Gewand von falbem Grau mit weissen Schleifen trug« — verschlägt wenig. Zur Charakterisierung trägt es mehr bei, dass wir Herrn St. »allezeit nach der neuesten Mode« gekleidet sehen, und Frau von B. verspotten hören, weil »die Kleidung unsere Urälternmütter« trug. Friederike in der Husarenbeute hat »einen schwarztaftenen Sommerhut auf« und »die Kleidung verriet mehr als ein gemeines Bauernmädchen, das Röckchen und Mieder von blauem Taft niedlich und geschmackvoll«.

Jung Stilling — ich darf wohl voraussetzen, dass es nun bekannt ist, zu welchen Gruppen ich die citierten Romane rechne — liebt vor Allem die bei aller Armut und Einfachheit hervortretende Reinlichkeit der Kleidung. Pastor M. trug »einen abgetragenen braunen Rock mit schwarzen Knöpfen und Knopflöchern«, »sein Schlafrock war sehr reinlich und schön gewaschen, nirgends sah man einen Riss, wohl aber hundert Lappen«. Seine Tochter ist »ebenfalls sehr reinlich, aber ärmlich angezogen«.

Im Herrn Oheim ist das städtische Kostüm der Bauernarbeit angepasst, der Vater trägt »einen grauen Frack und Hut, gelbe lederne Beinkleider, leinene Strümpfe mit Schuhen und Riemen«. Der Sohn hat, »wie die Bauern zwei Wämser übereinander«.

Ausserordentlich harmoniert die Kleidung des Herrn Lorenz Stark mit seinem Charakter. Bei ihm verkündete »das Äusserliche seiner Kleidung auf den ersten Blick die altdeutsche Einfalt seines Charakters. Er ging in ein einfarbenes, aber sehr feines Tuch, grau oder bräunlich, gekleidet; auf dem Kopf trug er einen kurzen Stutz, oder wenn's galt, eine wohlgepuderte Troddelperücke; mit seinem kleinen Hut kam er zweimal aus der Mode und zweimal wieder hinein; die Strümpfe waren mit einer grossen Zierlichkeit über das Knie hinaufgewickelt und die stark besohlten Schuhe, auf denen ein Paar sehr kleiner, aber sehr hellpolierter Schnallen glänzten, waren vorn stumpf abgeschnitten. Von überflüssiger Leinwand vor dem Busen und über dem Hemd war er kein Freund; sein grösster Staat war eine Halskrause mit Spitzen«. Der Sohn hingegen »ging mit lichtbraunem, samtenem Kleid und reichgestickter Weste einher«.

Die Werther-Kleidung ist allgemein bekannt: »blauer einfacher Frack« mit »Kragen und Aufschlag«, »gelbe Weste und Beinkleider dazu«. Auch Lottes »simples weisses Kleid mit blassrothen Schleifen an Arm und Brust« ist oft genug geschildert nachgeahmt und abgebildet worden.

In Wilhelm Meister dient nun die Beschreibung der Kleidung ganz besonders zur Charakteristik der Personen. Wer erkennt nicht den ganz seiner Seelenempfindung lebenden Jüngling daran, dass Wilhelm »seit dem Verlust Marianens alle muntern Farben abgelegt. Er hatte sich an das Grau, an die Kleidung der Schatten, gewöhnt, und nur etwa« — hier schlägt der Hang Wilhelms zum Prächtigen doch wieder durch — »ein himmelblaues Futter oder ein kleiner Kragen von dieser Farbe belebte einigermassen jene stille Kleidung«. Und das Phantastische, Abenteuerliche seiner Schauspielerepoche kommt völlig in der Kleidung zum Ausdruck, in der er die Wanderzüge der Truppe begleitet; deutlich verrät sich der Mangel der Festigkeit in seinem Wesen darin, dass er nach Vorwänden sucht, den Vorzug seiner schrittweisen Nachahmung der Shakespeareschen Kleidung durch die Erleichterung, die er beim Wandern davon spüre, zu begründen: »er fand, dass ein Westchen, über das man im Nothfall einen kurzen Mantel würfe, für einen Wanderer eine sehr angemessene Tracht sey. Lange gestrickte Beinkleider und ein Paar Schnürstiefeln schienen die wahre Tracht eines Fussgängers. Dann verschaffte er sich eine schöne seidne Schärpe, die er zuerst unter dem Vorwande, den Leib warm zu halten, umband; dagegen befreite er seinen Hals von der Knechtschaft einer Binde, und liess sich einige Streifen Nesseltuch an's Hemd heften, die aber etwas breit geriethen, und das völlige Ansehn eines antiken Kragens erhielten. Das schöne seidne Halstuch, das gerettete Andenken Marianens, lag nur locker geknüpft unter der nesseltuchnen Krause. Ein runder Hut mit einem bunten Bande und einer grossen Feder machte die Maskerade vollkommen«. Marianens erstes Auftreten zeigt auch in der Kleidung: »rothe Uniform, weisses Atlaswestchen«, »Federhut, Degen« und »Achselbänder«, die sie nicht ablegen will, Koketterie und Eitelkeit; während sich später ihre leichtfertige Moral dadurch zeigt, dass sie Wilhelm »in dem neuen weissen Negligée«, dem Geschenk ihres Liebhabers Norberg, empfängt.

Und nun gar Philine. »Auf ein paar leichten Pantöffelchen mit hohen Absätzen« kommt sie Wilhelm entgegen; ihre etwas liederliche Hausgewohnheit zeigt sich sofort darin, dass sie »über ein weisses Negligée«, das »nicht mehr ganz reinlich war«, kurzer Hand »eine schwarze Mantille« wirft. Mignons Knabenkleider bestehen in »einem kurzen seidnen Westchen mit geschlitzten spanischen Ermeln und knappen langen Beinkleidern mit Puffen«; später »brachte sie graues Tuch und blauen Taffet, und erklärte nach ihrer Art, dass sie ein neues Westchen und Schifferhosen, wie sie solche an den Knaben in der Stadt gesehen, mit blauen Aufschlägen und Bändern haben wolle«. Die Frauenkleider, die sie erhält, sind »ein langes, weisses Gewand«; »es fehlte nicht an einem goldenen Gürtel um die Brust und einem gleichen Diadem in den Haaren«. Der Harfenspieler geht in »einem langen, dunkelbraunen Gewand, vom Halse bis zu den Füssen verhüllt« einher. Auch für Lotharios Wesen sind »Stiefel und schlichter Überrock«, als sein gewöhnlicher Anzug, bezeichnend.

Beim Gelassenheitsideal bemerken wir wieder einen gewissen Hang nach Gesetzmässigkeit auch in der Kleidung, die nur selten der Phantasie oder der Zweckmässigkeit eine kleine Konzession macht. In den Romanen des Leidenschaftsideals hingegen wird auch in Bezug auf die Kleidung der Ruf nach individueller Freiheit laut. Werther erfindet sich ein eigenes Kostüm, und die Frauen neigen zu dem Weiss der Unschuld arkadischer Schäferinnen. Eine individualisierende Romantik, die sich von der herrschenden Kleidermode fast völlig lossagt, kommt in Wilhelm Meister zum Ausdruck. Wilhelm lässt die Kleidung mit seinen Seelenstimmungen harmonieren oder beschwört in seiner Tracht wenigstens eine verschwundene Zeit wieder herauf, indem er sich altdeutsch herausputzt. Mariane gefällt sich als kecker Offizier am besten, Mignon in Knabenkleidern, die sie nur gegen Engelsgewänder vertauscht. Der Harfner hält sich durch sein Mönchsgewand in der Illusion des weltfremden Vereinsamten, und die

Frauen der vornehmen Gesellschaft wechseln mit Amazonen-, Jäger- und Verwalterskleidern ab. Dadurch kennzeichnet sich ein, freilich noch halb verborgenes Tasten des Ideals nach einem andern Zeitalter, eine Lust am Willkürlichen, eine Scheu vor der Schablone — kurz die Stimmung, die im Verlauf der Romantik einen immer gesteigertern Ausdruck fand.

II. Das Wesen der Personen.

Das Temperament, Begabungen und Naturanlagen, Lebensgewohnheiten und Lebensweise, das Benehmen und die Art des Auftretens bilden die Faktoren, aus denen sich das Wesen der Personen zusammensetzt. Ich habe auf derartige Unterabteilungen des Wesens der Personen im Folgenden verzichtet, weil ich sonst die einzelnen Citate hätte zu sehr zerreissen und zu oft wiederholen müssen.

In den verwirrten und bedenklichen Schicksalen steht die Kunst, das Wesen der Personen zu schildern, auf derselben unbeholfenen Stufe wie der Stil, der in diesem Roman von grellster Rohheit ist. Johann Friedrich, wie der Held des Romans heisst, liebte von früh auf »eine stille Lebensart und richtete seine Aufführungen nach den Lehren der Klugheit«. Er ist von frühester Kindheit an von greisenhafter Verständigkeit. Mit seiner ersten Geliebten redet er »wie ein Paar alter Leute von lauter ernsthaften Sachen« und sie »beurteilt oft das Betragen anderer Leute, denn eben dadurch wird man klug und verständig«. Klug, verständig und auf seinen Vorteil bedacht, zeigt sich der Held denn auch auf seinem ganzen Lebensweg, auf dem er viel Frauenliebe findet, die er stets zu seinem materiellen Vorteil zu nützen weiss. Fast an allen seinen Geliebten zieht ihn ihr verständiges Wesen an. Die eine »übertraf an Klugheit andere Frauenzimmer, die zweimal älter waren, dabei war sie ernsthaft, still, bescheiden, freundlich und vollkommen tugendhaft«. Tugendhaft denken und fühlen alle Personen des Romans, soweit sie nicht, wie der Vater des Helden und sein Bruder als ganz besonders verworfene Geschöpfe hingestellt sind. So charakterisiert die zweite Geliebte des Johann Friedrich ihr Ausspruch: »die besondere Liebe gegen meinen Nächsten beruht auf meiner freien Wahl, und ich schätze nur hoch, was meine Seele für tugendhaft hält«. Freilich hat der Verfasser besondere Begriffe von der Tugend, die erschreckend wenig Ähnlichkeit mit Schamhaftigkeit hat. Er findet es durchaus tugendhaft und löblich, dass der Held mit einer Jungfrau, die er auf einer Insel trifft, nach vierstündiger Bekanntschaft in die vertraulichste Beziehung tritt. Während in allen übrigen Liebesverhältnissen der aus ihnen fliessende Vorteil an Geld, Gut, Reputation und Ansehen betont wird, schimmert in dem letzten Fall eine Art von Liebesrausch durch. Nicht nur, dass die erste Hochzeitsnacht vierundzwanzig Stunden währt, sondern der Held erfuhr bei dieser Geliebten: »dass ein Frauenzimmer, so edle Gesinnungen hegt, uns zu anderen Leuten macht. Es vergingen bereits drei Tage, ohne dass einmal nur an meine Freunde hätte denken sollen. O, hatte gar meine angenehmen Freundinnen in Bern vergessen. Auch an Friederike dachte nicht mehr«.

Ein verletzender Mangel an Schamhaftigkeit zeichnet auch die Personen der schwedischen Gräfin aus, nur dass hier, wohl wider Gellerts Willen, noch eine starke Sinnlichkeit bei den weiblichen Personen hervortritt, die durch berechnende Verstellung noch peinlicher wirkt. Gleich nach der Verlobung erträumt sich die siebzehnjährige Gräfin »in Gedanken allerlei Liebkosungen, die der Graf ihr zufügt«; ein neuer Heiratsantrag erweckt in ihr »die Erinnerung an die Süssigkeit der Liebe«. Wie unangenehm berührt das Bekenntnis der Gräfin: »ich that gelassen und frei gegen ihn, weil ich mir keine Rechnung auf sein Herz machte, anstatt dass ich vielleicht ein gezwungenes und ängstliches Benehmen an mich genommen haben würde, wenn ich ihm hätte kostbar vorkommen wollen«. Und als sie nun die Hand des Grafen gewonnen hat, weigert sie sich, wie sie selbst sagt, »in einer verschämten Art seine Liebkosungen anzunehmen«. Wie das »gute Herz« der Gräfin betont wird, so lobt Gellert an der früheren Geliebten des Grafen ihre Bescheidenheit. Mariane, das uneheliche Kind des Grafen, die in der Unkenntnis ihrer Abkunft dem eigenen Bruder in die Ehe folgt, hat »ein unschuldiges und aufrichtiges Herz«, das »voll inbrünstiger und aufrichtiger Liebe ist«. Auch bei ihr tritt das Element der Sinnlichkeit stark in den Vordergrund: »ein von Natur zärtliches Frauenzimmer, das von Jugend auf Nonne gewesen war, und bei der die süssen Empfindungen nur desto mächtiger geworden waren, weil sie an der strengen Lebensart und an den Regeln einer hohen Keuschheit einen beständigen Widerstand gefunden hatten«. Der Graf ist »ein tapferer, energischer Mann«; trotz seiner Kraft und Energie ist er liebenswürdig und keineswegs herrisch: »ein Wink an seine Leute that die Wirkung eines nachdrücklichen Befehls«. Herr R. ist in vielen Punkten der Gegensatz seines leichtlebigen Freundes. »Seine Miene ist traurig«, obwohl er auch munter sein kann; er war »stumm und unbelebt, wenn er viel Leute sah, doch im Umgang mit drei bis vier Personen, die er kannte, war er ganz unentbehrlich. Seine Bescheidenheit war gross, an Gemütsgaben war er dem Grafen gleich, wenn er ihn nicht in gewissen Stücken übertraf«. Der junge Steeley »hatte bei einem ehrlichen und redlichen Herzen gewisse Fehler; so liebte er das Verdienst seiner Nation auf Unkosten der übrigen Völker«. Oft war er voll Widerspruch, der floss aber »aus einer Fülle des Geistes und der Lebhaftigkeit, aus einer Liebe zur Freiheit im Denken und einem Hasse gegen alles niederträchtige Nachgeben und aus einem Überfluss leicht aufwallender Empfindung«. Die Väter des Grafen und Steeleys sind beide für ihr hohes Alter ganz besonders rüstig und munter; der alte Steeley zahlt nur durch eine etwas lästige Geschwätzigkeit dem Alter seinen Tribut, während der alte Graf auch im Masshalten beim Reden noch seine männliche Kraft zeigt. Ausser dem Kreis des Gewöhnlichen stehen eine wilde Kosackin, deren »treffliches Herz« gerühmt wird, und ein Jude: »sein Herz war wirklich seiner einfältigen und ehrlichen Miene gleich, und seine Sitten gefielen durch sein Herz«.

Es ist für Sophie im Hermesschen Roman ungemein bezeichnend, dass sie einmal sagt: »die Leidenschaft fliehen, ist die einzige Möglichkeit sie zu besiegen«; denn Sophie fühlt sich einer Bekämpfung ihrer Sinnlichkeit nicht recht gewachsen. »O liebste Mutter«, schreibt sie, »so lange ich lebe, will ich mich hüten, einer Mannsperson wieder so nahe zu sein! Hätte mich nicht eine höhere Hand gehalten, o ihre Sophie würde alle Pflichten der jungfräulichen Sittsamkeit verletzt haben. Ich beteure ihnen, dass ich das Laster unversöhnlich hasse, aber ich habe heute gelernt: der Ausbruch der Sinnlichkeit ist die allerfürchterlichste Verblendung«. Die Schwäche ihres Geschlechts beklagt sie oft: »doch einem Frauenzimmer, das selbst in Angst ist, ist wohl alles zu vergeben, wie schwach ist doch unser Geschlecht, wenn ihm Erfahrung mangelt«. Aber von Mitleiden mit ihren vielen Unglücksfällen will sie nichts wissen: »du kennst mich noch nicht recht; ich will nicht beklagt sein. Hält man mich für krank, so gehts mir nahe, dass man sich Kummer darüber macht«. Sie selbst ist aber so mitleidig, dass ihre Augen fortwährend in Thränen schwimmen. Als sie die kränkende Behandlung sieht, die Herr Schulz zu erdulden hat, »fiel aus ihren Augen mehr als eine Thräne auf ihren Busen«. Überhaupt ist ihr Gefühlsleben ziemlich entwickelt: »ich studiere jetzt mein Herz mehr als jemals«, »gewisse Leiden würden grausam sein, wenn nicht hernach Thränen der Freude sie ersetzen könnten«.

Die Zärtlichkeit des Herzens spielt auch hier eine grosse Rolle: »dein Brief ist so zärtlich, wie ich ihn von deinem Herzen erwarten konnte«. Daneben rühmt sich Sophie fortwährend ihres Verstandes: »das ärgste war, dass ich Verstand genug hatte, den Hieb zu fühlen«, »und ich meinesteils will lieber meinen Verstand als einen Haubenstock bilden«. Das Idealbild der Männlichkeit ist uns in Herrn Lesz** entrollt. Er ist klug, fromm, beherzt, freigebig, reich, galant und tugendhaft. »Eine sehr tugendhafte Lebensart, ein immer ruhiges Gemüt und eine strenge Enthaltsamkeit von aller hitzigen und fetten Nahrung gab ihm eine Gesundheit, eine Farbe, die ihn von den bleichen balsamierten Leuten, die das Register ihrer Ausschweifungen allenthalben herumtragen, sehr merklich unterschied. »Im äusseren Betragen hatte er etwas stolzes, das sich aber nach und nach verliert, wenn er spricht«. »Der sehr wenig spricht, und doch auch diese Art der Zurückhaltung durch ein freimütiges Benehmen ersetzt«. »Ich bin zu sehr Herr meiner Leidenschaften, als dass ich meine Gewalt missbrauchen sollte«. Und in der That, obwohl er es im Fechten, Reiten und allen ritterlichen Übungen zu unglaublicher Fertigkeit gebracht hat, macht er sich diese Künste doch niemals zu nutze, um andern zu schaden, sondern er braucht sie nur, um andern beizustehen, oder im Falle der Notwehr. Herr Schulz ist äusserlich mit denselben vorzüglichen Eigenschaften ausgestattet, aber im Verlauf der Erzählung lernen wir unter dieser einnehmenden Hülle einen verderbten Kern kennen. Der Kapitän Puff hat von allen diesen glänzenden Vorzügen nichts; aber er besitzt ein redliches Herz. Er ist der Typus jener Figur, die wir litterarisch in Deutschland unter dem Namen eines gutherzigen, unbeholfenen Polterers so vielfach ausgebildet sehen. »Ich dachte immer«, schreibt Puff, »du bist nicht vornehm und nicht hübsch und nicht manierlich. Dich wird keine nehmen; du bist auch zu gutherzig. Du wirst unter den Pantoffel kommen; du bist zu unberedt, du wirst deiner Frau nicht recht sagen können, wie sehr du sie liebst. Dann wird es dich kränken, dass sie keinen besseren Mann gekriegt hat, du hast nichts weiter als dein redliches Herz«. »Das Reden ist meine Sache nicht. Lieber Gott, das Schreiben ist auch nicht meine Sache. Ich kann nichts als Wind und Wetter trotzen und mit Seele und Gemüt ein redlicher Mann sein«. Bemerkenswert ist auch die Beschreibung der Königsberger Studenten, die Sophie entwirft: »da sassen auf Bänken und Rasen wohl fünfzig Menschen, die aus aller Kraft der Lunge ein unsinniges Lied sangen. Sie hatten nur Westen an; die mehrsten trugen den Hut auf einem

sehr zerstörten Haarputz, und noch mehrere hatten ihn auf einem
geschorenen Kopf, indem ihre Perrücken neben der Thür auf einem
Haufen lagen. Alle hatten zerbrochene Tabackspfeifen im Munde,
in der einen Hand ein grosses Glas voll Bier und in der andern
einen blossen Degen. Auf ein Zeichen, das bei jedem Vers des
Liedes gegeben ward, trunken alle nach der Reihe, und unterdessen
erschallte ein seltsames Geschrei. Viele schrieen vorzüglich heftig,
und doch schien keiner trunken zu sein, ja ihr Gesang hatte sogar
etwas zustimmendes«.

In den freundschaftlichen Frauenzimmerbriefen setzt sich Rosaliens Charakter aus Tugend und Moral, Empfindung und Rührung zusammen. »Sie können das Maass meiner moralischen Kräfte nach dem Grad sympathetischer Bewegung berechnen, welche die Betrachtung übender Tugend in mir hervorbringen wird«. »Könnte ich so ganz glauben, dass der Charakter des Arundel nur ein Traum sei, so möchte ich auf Henriettens Grab gelehnt, heute noch meine von diesem Ideal erfüllte Seele ausweinen, denn ich kann nicht halb lieben, nicht halb hochachten«. »Lassen sie mich, meine geliebte, so lange gewünschte Freundin, einige Thränen über mein Schicksal weinen, das mich von hier entfernt und all' die süssen Freuden zerstört hat, die mir ihre Güte und Geist wechselweise schenkten. Was ist Leben, Glück und Wissen, wenn es nicht von Anteil nehmender Liebe und Freundschaft mitgenossen wird«? »Sie kennen den Wert der Thränen, die in meinen zum Himmel erhobenen Augen schwimmen!« »Ihnen ist weder die Lebhaftigkeit meines Kopfes, noch die überfliessende Empfindsamkeit meines Herzens jemals anstössig gewesen. Bei ihnen kann ich mich der süssen Empfindung, Jemanden im höchsten Grade hoch zu achten, ohne Sorge überlassen«. Mariane besass einen »aufgeklärten Geist«, »eine edle, liebreiche Seele«, »ihre Gesinnungen waren zärtlich, ihre Hochachtung aufrichtig, ohne den hohen Grad der Schwärmerei, aus welchem die Unerträglichkeit entspringt«. Ihre »moralische Seele« war Rosaliens »zweites Gewissen«. Zwischen diesen beiden »schönen Seelen« spielt sich der »freundschaftliche Briefwechsel« ab. Der Umgangskreis Rosaliens ist ausführlich geschildert; da ist eine Gräfin St.: »edel und natürlich ohne das geringste Gepränge weder auf ihren Stand noch auf ihre Verdienste. Die ungemein schöne Ordnung ihres Hauses zeugte von ihrer Einsicht in Wirtschaftssachen«. Da ist ein Banquier S., der eine junge Dame nach vierzehntägiger Bekanntschaft heiratet und die grosse Mitgift seiner Gattin deren jüngerer Schwester schenkt. Da ist ein Herr St., der, ein zweiter Gyges, die Reize seiner Geliebten nicht allein kennen will, und noch eine grössere Anzahl von Personen, die sich durch Geist, Gefühl, Thränenfreudigkeit, Tugend und jede Art von Wohlthätigkeit auszeichnen. Das Musterbild der weiblichen Vollkommenheit und zugleich die Vertreterin des Entsagungsideals der Frau La Roche ist Henriette von Effen. Sie besitzt »jene Schönheit des Geistes, die ein gewisser Grad von Kenntnissen einem Frauenzimmer geben kann, eine grosse Seele voll jeder Tugend«, dabei ist sie »noch Gebieterin über ein grosses Vermögen«. Ihre Wohlthätigkeit spottet jeder Beschreibung. Tugend geht ihr über Alles. Ihrem verlorenen Geliebten wünscht sie »jede Glückseligkeit, welche die Tugend begleitet«. Sie stirbt mit den Worten: »von dir ewige Liebe! erhielt ich dieses gefühlvolle Herz. Rein! Rein, wie es aus deinen Händen kam, gebe ich's dir zurück«. Herr von T., eben dieser verlorene Geliebte der Henriette, ist in allen Stücken ihr Pendant. Neben allen anderen Vorzügen hören wir immerwährend die »Zeugnisse seiner übenden Tugend« preisen. Als Henriette im Sterben liegt, eilt er zu ihr. An ihrem Totenbett stand er: »mit gerungenen Händen, starre Blicke auf Henriettes Leichnam gerichtet; auf einmal näherte er sich Liesen, die an der einen Seite des Bettes kniete und mit einem Schnupftuch den Todesschweiss von der Stirn des entwichenen Engels wischte. Er legte sein Gesicht auf Henriettens Arm und trat zurück, betrachtete noch mit gesenktem Haupte das kalt werdende Bild; riss dann dem knieenden Mädchen das Schnupftuch aus der Hand, hüllte sein Gesicht hinein, küsste es, fasste es in beide Hände, eilte ins Vorzimmer, wo er sich vor einem Stuhl auf die Erde warf und laut schluchzend zu weinen anfing«. Später hatte er die Absicht, auf dem Gute Henriettens zu wohnen: »wenn er es thut, so lebt er nicht lange, denn alles nährt seinen endlosen Kummer. Er will in ihrem Zimmer wohnen, ihre Betten, ihr Hausgeräth benutzen, ...« und dabei ist Herr von T. seit einer Reihe von Jahren glücklich verheirathet und fährt fort, seine Gattin zu lieben, auch als er sich dem Schmerz über den Tod Henriettens in der beschriebenen Weise hingiebt!

In Friederike, die Husarenbeute, sind neben den tugendhaften Personen einige Schurken geschildert, die sich reichlich in der Prahlerei ihrer Bosheit ergeben: »Pfui«, schreibt der Eine an seinen Spiessgesellen, »ich wollte mich schämen, wenn ich mit so alltäglichen Streichen der Bosheit zufrieden sein müsste; ich denke erhaben wie ein Löwe«. Der alte pensionirte Rittmeister Wacker, Charakter und Name stimmen überein, erinnert zuweilen an den

Just der Minna von Barnhelm. Er ist ein Feind aller Ziererei und allen Pomps. Er ist ein deutscher Mann, der seinen Freunden »einen herzlichen Biedergruss sagen« lässt und mit Leib und Seele seinem König Friedrich dem Grossen ergeben ist. Die Heldin des Romans ist auf dem Lande aufgewachsen, sie hat »ein empfindsames Herz«, »ein zartes und leichtes Gefühl, das gegen das Schöne und Gute gleich empfindsam ist«, »und einen gesunden Verstand, der, wo es auf Thatsachen ankommt, richtig und leicht urteilt«. Sie ist fromm und fleissig, weiss sich stets angenehm zu machen und nützlich zu erweisen, giebt den verwahrlosten Kindern des Dorfes im Lesen, Schreiben und in der Religion Unterricht, kurz, sie ist der Typus eines braven Mädchens aus der Gruppe der moralischen Familienromane. Als Gegenstück dazu hat Louise ein von unlauteren »Leidenschaften hin und her gerissenes Herz«, sie ist eitel, sinnlich, prätentiös, furchtsam und rachgierig. Ein Paar edler Jünglinge ist in Wilhelm Reinfort und Carl von Wiese geschildert. Carl ist ein wenig phlegmatisch, Wilhelm sentimental und sanguinisch gezeichnet. Der Roman ist vor dem Werther geschrieben, und doch ähnelt Wilhelm in seinem träumerischen, melancholischen Charakter dem Werther ungemein. Er hat sich einer unglücklichen Liebe wegen aufs Land zurückgezogen. Er »überlässt sich ganz der süssen Träumerei der Schwermut«. Er ist »so aufmerksam auf sein Herz« und »mischt immer in die angenehmsten Empfindungen einige Tropfen Melancholie«. Und hier ein Satz, der nicht nur im Inhalt, sondern auch im Stil an Werther erinnert: »Die übrigen guten Leute, die unter den niedrigen Hütten in dem Dorfe wohnen, sind ohnedies Freunde der ganzen Welt, also auch die meinigen. Das ganze ehrliche Herz einiger würdiger Grauköpfe habe ich mir dadurch erobert, dass ich den herzhaften Druck ihrer schwülenvollen Hände mit einem kräftigen Gegendruck erwiederte, dass ich sie ein Pfeifchen Kanaster stopfen liess, und dass ich bei ihrer mühsamen Feldarbeit, einen zwar müssigen, aber doch fragenden Zuschauer abgab.«

Die Titelheldin in Lottchens Reise ins Zuchthaus ist von vornherein als ein höchst verderbtes Mädchen geschildert, das schon in früher Jugend ein unsauberes Verhältnis mit ihrem Tanzmeister begann. Ihr nichtsnutziger Vater ist freilich mit ihrem Wesen sehr zufrieden, an einen Freund schreibt er: »Lottchen ist falsch wie Galgenholz, pfiffig wie der Teufel und setzt sich über die Pedanterei des Christentums hinaus. Gieb Achtung, die wird sich ganz vorzüglich auszeichnen. Im Gegensatz dazu sind Mutter und

Schwester edle Charaktere. Malchen, Lottchens Schwester, löst ihre Verlobung mit einem schönen, reichen Edelmann auf, weil sie hört, dass er vor der Verlobung in vertrautem Umgang mit dem Kammermädchen seiner Mutter stand; sie heiratet den braven Pfarrer Langbein, der als Pfarrer und Mensch gleich vortrefflich ist. Am liebevollsten ist das Bild der Frau von Baar gezeichnet. Neben den landläufigen Tugenden besonders der Wohlthätigkeit schildert der Verfasser die ausserordentliche Liebenswürdigkeit dieser Dame und ihr kluges Benehmen ihrem Gatten gegenüber: »sie versteht die so seltene Kunst, sich gegen ihren Gatten so zu betragen, dass die Liebe, die er zu ihr hat, nicht in kühne Familiarität ausartet«. »Sie weiss auf eine feine Art nachzugeben, und kann künstlich den Schein des Nachgebens verbergen«.

Duldsamkeit und Menschenliebe machen das Wesen des Pfarrers Yorik aus: »ich habe viele Länder besucht, und in jedem gewisse zarte Rücksichten gefunden, die in anderen zu fehlen scheinen«. Diese Beobachtung macht den Pfarrer besonders tolerant: »Der Vorteil des Reisens in Bezug auf das savoir vivre besteht darin, dass man viele Menschen und viele Sitten sieht. Es lehrt uns gegenseitige Duldsamkeit, und gegenseitige Duldsamkeit lehrt uns gegenseitige Liebe«. Die Weichheit des Herzens möchte er sich gern bewahren, deshalb gehorcht er gewöhnlich seinem ersten grossmütigen Antriebe und hört selten auf »die Kabale, die Vorsicht, Behutsamkeit, Geiz, Stolz und Feigheit gegen die Grossmut anzetteln, die nur dazu dienen, das Herz mit einer Rinde von Diamanten zu überziehen«. Von der Dose die ihm der Mönch geschenkt, sagt Yorik: »ich bewahre diese Dose, wie ich das sichtbare Zeichen meiner Religion bewahren würde, um meinem Geist eine höhere Richtung zu geben. In Wahrheit, ich gehe selten ohne sie aus, und häufig habe ich damit den freundlichen Geist ihres Eigentümers beschworen, um in den Kämpfen dieser Welt meinen Geist aufrecht zu erhalten«. Es ist bekannt, dass in der Erinnerung an diese Stelle der empfindsamen Reise Leuchsenring, Jacobi und seine Freunde den Lorenzodosenbund stifteten. Auch der irdischen Liebe zeigt sich Yorik nicht abgeneigt: »der ich fast mein ganzes Leben hindurch in eine Prinzessin nach der andern verliebt gewesen bin und auch hoffe, dass es so fortgehen wird, bis ich sterbe«. Der edle Mönch, von dem die Lorenzodose stammt, antwortete auf die herbe Abfertigung, die er von Yorik auf seine Bitte um eine Gabe für seinen Orden empfing, nichts: »eine hektische Röte flog einen Augenblick über seine Wange, aber ohne zu verweilen, die

Natur schien bei ihm jede Empfindlichheit vergessen zu haben; er zeigte keine, er liess seinen Stab in seinen Arm fallen, drückte seine beiden Arme mit Ergebung an seine Brust und entfernte sich«. Neben diesem ernsten ergebenen Greis steht der junge La Fleur, »eine treue, unschuldige, ehrliche Seele« voll »Heiterkeit« und »Witz«.

Henrich Stilling wird uns von vornherein als ein »sanftes und gefühliges Herz« geschildert. Überall bricht bei ihm die Empfindsamkeit des Herzens durch. Wenn er als Knabe seinem Vater Wilhelm, der der Familie vorlas, ins Buch schaute »und wenn bald eine rührende Stelle kam, so jauchzte er in sich selber, und wenn er sah, dass sein Vater dabei empfand, so war seine Freude dabei vollkommen«. Er selbst liebte es auch zu lesen, vorzulesen und zu erzählen; »er lebte nur in den Büchern«, abends nach der Schule erzählte er »einem Haufen Kinder allerhand empfindsame Historien«. Seine freundschaftliche Empfindung wallt leicht über, zumal wo er fromme Menschen trifft; in einem Wirtshaus, wo er eine Nacht schlief, »floss sein Herz über von Freundschaft und Empfindung« gegen die frommen Wirtsleute, die ihn die Nacht über beherbergt hatten. Freilich weiss er seiner Freude und Dankbarkeit nicht immer den geschicktesten Ausdruck zu geben, »er verstund die Komplimentirkunst gar nicht; ob er gleich nicht in dummer Grobheit erzogen war, so hatte er sich doch nie in seinem Leben nicht gebückt, alles war bis dahin Gruss und Händedruck gewesen«. Als Eigenheit seines Charakters erscheint es Stilling, dass »sein Genie das überwegflog, was sich nicht gleich bezwingen liess«: er hält sich für einen »von den Menschen, die Niemandem gleichgültig sind, entweder musste man ihn lieben oder hassen. Die ersteren sahen auf sein gutes Herz, und vergaben ihm seine Fehler gern; die anderen betrachteten sein gutes Herz als dumme Einfalt, seine Handlungen als Fuchsschwänzereien und seine Gaben als Prahlsucht«. Am deutlichsten ausgeprägt ist in Stillings Charakter der unbeirrte Glaube an eine unmittelbare persönliche, göttliche Führung; so ruft er aus, als sein Wunsch, Prediger zu werden, auf immer neue unüberwindlich scheinende Hindernisse stösst: »Gott hat mir diesen Trieb (Pastor zu werden) nicht umsonst eingeschaffen, ich will ruhig sein. Er wird mich leiten und ich will ihm folgen«. Seine Mutter, von der er das »sanfte gefühlige« Herz geerbt hatte, neigte stets zu einer sanften Schwermut: »sie genoss beständig die Wonne der Wehmut und ihr zartes Herz schien sich ganz in Thränen zu verwandeln, in Thränen ohne Harm und

Kummer«; beim Anblick des Frühlings erzählt sie ihrem Sohn: »wenn ich im Frühling sehe, wie alles aufgeht, die Blätter an den Bäumen, die Blumen und Kräuter, so ists mir, als wenn es mich gar nicht anginge, es ist mir dann, als wenn ich in einer Welt wäre, in die ich gar nicht gehöre. Sobald ich aber ein welkes Blatt sehe, eine verwelkte Blume, oder ein dürres Kraut finde, dann werden mir die Thränen los, und mir wird so wohl, so wohl, dass ich es dir nicht sagen kann; und doch bin ich nie freudig dabei«. Auch sein Vater Wilhelm steht unter dem Banne einer gewissen Sentimentalität; als die Eltern ihm die Erlaubnis zu seiner Heirat gegeben haben, da findet er keine Worte: »Thränen und Empfindungen hemmten ihm die Sprache, und da redete sein Herz unaussprechliche Worte, welche nur die Seelen empfinden und kennen, die sich in gleicher Lage befunden haben«. Dabei wird Wilhelm aber auch als handfester Mann geschildert, der mit den Fäusten derb zuzugreifen versteht, wenns Not thut; als sein Schwiegervater wegen einer vermeintlichen Wilddieberei von den gräflichen Jägern und den Bauern gefangen und geschlagen wird, eilt Wilhelm hinzu, »der desto stärker an den Armen war, je schwächer seine Füsse waren, sah und hörte nicht, und arbeitete Moritzen (seinen Schwiegervater) los. Wo er an seinem Rock eine zugeklemmte Hand fand, die brach er auf«.

Im Siegwart-Roman hören wir zunächst, dass Siegwarts Vater »ein Mann von ächtem deutsch-schwäbischen Charakter« war. Siegwarts Geschwister sind äusserst verschieden; Carl »stolz und geizig«, Wilhelm phlegmatisch und träge, Salome eitel; »Eitelkeit war ihre Göttin, Tag und Nacht sann sie darauf, ihr neuen Putz und Flitterstaat zu opfern«. Therese wird als naives frisches Landmädchen geschildert: »in ihren Reden war sie schnell und hastig; ihr Witz war immer neu und lebhaft. Munterkeit erwachte, wo sie hinkam, und sie lachte gern aus vollem Herzen«. »Doch verbannte sie zur rechten Zeit den Ernst nicht; und zu den Stunden der Dämmerung oder am Klavier zerfloss ihre Seele oft in Wehmut. Nichts liebte sie mehr als Geschäftigkeit und besonders ländliche Beschäftigung. Bei aller ihrer Arbeit war sie immer munter, trillerte ein Liedchen, oder scherzte mit ihren Brüdern«. Der Held des Romans wird als ein kühner Knabe geschildert; er »schwamm unter allen Knaben am besten«. »Kein Baum, auf dem er ein Nest sah, war ihm zu hoch«. »Dem ohngeachtet war er niemals grausam gegen Vögel«. »Er thats an Kühnheit oft auch an Verwegenheit dem kühnsten Knaben zuvor«; er war »ein geselliger Knabe, der sich nie mehr fühlte, als wenn er andere Kinder lustig sah, ihnen Freude machen und hundert kleine Gefälligkeiten erweisen konnte«. Stets eilt seine Phantasie der Wirklichkeit voraus; »er schmückte jeden Gedanken mit den hellsten Farben aus; so verweilte er am liebsten bei feierlichen und romanhaften Ideen«; »die Stillheit der Seele unseres Siegwart, die immer das zuerst sah, was vom Herzen eines Menschen zeugte, und die Einfalt der Natur und der Sitten über alles liebte«, hat nach der Meinung des Verfassers etwas dichterisches an sich; Siegwart liebte neben dem Romantischen das Sanfte und die schöne stille Natur; »beides ist sehr oft beisammen und bildet einen liebenswürdigen, für die Welt sehr brauchbaren Charakter. Er ist mehrenteils ein Eigenthum des Dichters und zu diesem hatte Siegwart alle Anlagen, die bei glücklicheren äusseren Vorteilen des Geburtsorts, der Erziehung, des Umgangs und seines ganzen Schicksals noch mehr emporgestrebt sein und die Herzen seiner Mitbürger nach sich gezogen haben würden«. Es ist wohl nicht nötig, all die Stellen des Buches, in welchen der Thränenregen des Siegwarts-Fiebers zum Ausdruck kommt, hier zu citieren; sie sind allbekannt und oft genug wiederholt worden. Aber an eine andere Stelle will ich erinnern, die Siegwarts Charakter von einer nicht so bekannten Seite zeigt: »obgleich sein Fürst auf der österreichischen Seite war, so hielt er es dennoch mit den Preussen, weil er in den Zeitungen gelesen hatte, dass diese immer mehr den Sieg davontrügen«. Diese Charakterschilderung passt ganz zu der Weichheit von Siegwarts Seele, die jedem Eindruck äusseren Erfolges offen stand, und oft durch Schattenbilder hingerissen, sich zu Entschlüssen bestimmen liess, die von entscheidendem Einfluss auf das Geschick des ganzen Lebens waren.

Im Sebaldus Nothanker hören wir im Ganzen vom Wesen der Personen wenig. Ein Major wird geschildert, der sich aller Unglücklichen annimmt und sie gegen Mächtige nicht nur mit Worten, sondern mit Einsetzung seines eigenen Lebens verteidigt. Die meiste Sorgfalt ist auf die Schilderung von Sebaldus Wesen verwendet. Ausführlich ist er in seinem Beruf als Seelsorger geschildert: »diese Liebe seiner Gemeinde hatte sich Sebaldus durch die Sorgfalt, die er für sie trug, erworben. Er war in den Häusern seiner Bauern als Ratgeber und Vater willkommen. Nie liess er es den Bekümmerten an Trost, nie dem Hungrigen an Labsal fehlen. Er war von allen häuslichen Vorfällen unterrichtet, nicht weil er in das Hausregiment der Laien einen Einfluss zu haben suchte, sondern weil er bei allen ihren Verlegenheiten von ihnen um Rat, bei allen ihren Zwistigkeiten um Vermittlung ersucht ward. Er war nicht gewohnt, in all' seinen Predigten auf das Laster zu schelten, wenn aber ein Laster in der Gemeinde verübt wurde, pflegte er, ohne desselben zu gedenken, die entgegengesetzte Tugend einzuschärfen. Daher richtete er seine Predigten auch mehr nach dem Bedürfnis seiner Gemeinde, als nach der Folge der Evangelien ein«.

Ausführlich hat Engel das Wesen des Lorenz Starck geschildert: »die Fehler, deren der vortreffliche Mensch nicht wenige hatte, und die denen, welche mit ihm leben mussten, oft sehr zur Last fielen, waren so innig mit den besten seiner Eigenschaften verknüpft, dass die Einen ohne die Anderen kaum bestehen zu können schienen Weil er in der That klüger war als fast Alle, mit denen er zu thun hatte, so war er sehr eigenwillig und rechthaberisch; weil er fühlte, dass man ihm selbst seiner Gesinnungen und Handlungen wegen keinen begründeten Vorwurf machen könnte, so war er gegen Andere ein sehr freier, oft sehr beschwerlicher Sittenrichter; und weil er, bei seiner natürlichen Gutmütigkeit, über keinen Fehler sich leicht erhitzen, aber auch keinen ungeahndet konnte hingehen lassen, so war er sehr ironisch und spöttisch«. In Carl Starck ist der alten Generation ein Vertreter der neuen entgegengesetzt. So ist denn Herr Starck mit seinem Sohn unzufrieden, weil er »auf der einen Seite ihm zu verschwenderisch war, zu viel Geld verkleidete, verritt und verfuhr; insbesondere aber, weil er zu viel auf Kaffeehäuser und in Spielgesellschaften ging. Auf der anderen Seite verdross es Herrn Starck, dass der Sohn als Kaufmann zu wenig Unternehmungsgeist zeigt«. In Wahrheit hat aber der Sohn ein vortreffliches Herz, ist leicht zu grossmütigen Handlungen geneigt und beweist auch schliesslich, dass er den Ansprüchen, welche der Vater an sein kaufmännisches Talent stellt, gerecht zu werden vermag. Ist in Lorenz Starck mehr oder weniger deutlich das Ideal eines Mannes, das dem Kreise des bürgerlichen moralischen Familienromans vorschwebte, geschildert, so beschreibt Engel auch eine Frau, die ihm das Musterbild aller weiblichen Tugenden zu sein scheint: die Frau gehöre nicht der Welt, sondern dem Mann und den Kindern, als erfahrene Wirtin, als Orakel in jeder häuslichen Angelegenheit müsse sie dem Manne Ehre machen, dabei dürfe sie aber nichts weniger als peinlich oder mürrisch sein; mit einnehmender Freundlichkeit soll sie den Gästen, die der Gatte mit sich bringt, entgegenkommen, sie soll sich freuen, »wenn bei der

Bewirtung ihre nur bürgerlichen, aber reichlichen und anständigen Gerichte schmecken«, und »wenn die kleine Gesellschaft während des Essens recht gesprächig, recht laut war«. Liebreich, froh, wirtschaftlich, gehorsam und hilfsbereit zu sein, das sind die Eigenschaften, die Engel von dem Idealbild einer Gattin verlangt.

Überblicken wir nun das, was vom Wesen der Personen im Roman des Gelassenheitsideals gesagt ist, so sehen wir, dass es im Ganzen und Grossen ein Gemisch von Materialismus und Philistrosität ist, das in dem Charakter dieser Personen hervortritt, und wohl im Engelschen Roman am deutlichsten ausgeprägt ist.

»Einen Menschenfreund in der ächtesten Bedeutung des Worts« nennt Wieland seinen Demokrit, »denn er meinte es gut mit der Menschheit und freute sich über nichts so sehr, als wenn er irgend etwas Böses verhüten, oder wenn er etwas Gutes thun, veranlassen oder befördern konnte. Und wiewohl er glaubte, dass der Charakter eines Weltbürgers Verhältnisse in sich schliesse, denen, im Kollisionsfall, alle andern weichen müssten, so hielt er sich darum doch nicht weniger verbunden, als ein Bürger von Abdera an dem Zustand seines Vaterlandes teil zu nehmen und so viel er konnte, zu dessen Verbesserung beizutragen«. »Seinem Vaterland mittelst alles dessen, um was sich sein Verstand und sein Herz indessen gebessert hatte, nützen zu können«, ist sein höchster Wunsch. Auch in seinem Benehmen zeigt Demokrit den vielgereisten Weltmann: »höflich und abgeschliffen, wie ein Mann, der mit allerlei Arten von Menschensöhnen umgehen gelernt hat«, verkehrt er mit den Abderiten, »deren Körper gewachsen sind, deren Seelen aber noch in der Wiege liegen«. Und wie die Abderiten in ihrer philiströsen, partikularistischen Beschränktheit einen Gegensatz zu Demokrit bilden, so wird in dem Naturkind Gulluru ein unverdorbenes Rousseausches Naturkind geschildert. »Dein Herz ist rein«, ruft Demokrit aus, »aufrichtig und fröhlich und fühlt mit der ganzen Natur. Du denkst nie Arges, sagst nie etwas Albernes, quälst weder andere, noch dich selbst und thust nichts, was du nicht gestehen darfst. Deine Seele ist ohne Falsch, wie dein Gesicht ohne Schminke. Du kennst weder Neid noch Schadenfreude, und nie hat sich deine platte Nase gerümpft, um eins deiner Nebenmenschen zu verhöhnen oder in Verlegenheit zu setzen. Unbesorgt, ob du gefällst oder nicht gefällst, lebst du, in deine Unschuld eingehüllt, im Frieden mit dir selbst und mit der ganzen Natur, immer geschickt Freuden zu geben . . . gute sanftherzige Gulluru!«

Immer auf das Herz nimmt Bezug, was Werther von seinem Wesen sagt. »Waren nicht meine übrigen Verbindungen recht ausgesucht vom Schicksal, um ein Herz wie das meinige zu ängstigen?« »Die Einsamkeit ist meinem Herzen köstlicher Balsam«. »Ich bin allein und freue mich meines Lebens in dieser Gegend, die für solche Seelen geschaffen ist, wie die meine«. »Aber ich gehe darüber zu Grunde, ich erliege unter der Gewalt der Herrlichkeit dieser Erscheinungen«. »Denn so ungleich, so unstät hast du nichts gesehen, als dieses Herz«, das vom »Kummer zu Ausschweifung und süsser Melancholie zur verderblichen Leidenschaft« übergeht. »Auch halte ich mein Herzchen wie ein krankes Kind; jeder Wille wird ihm gestattet«. »Wie wohl ist mir's, dass mein Herz die simple harmlose Wonne des Menschen fühlen kann, der ein Krauthaupt auf seinen Tisch bringt, das er selbst gezogen«. »Mein Herz ist so verderbt nicht, aber schwach, schwach genug. Und ist das nicht Verderben?« »Auch schätzt er (der Fürst, bei dem Werther auf Besuch ist) meinen Verstand und meine Talente mehr, als dies Herz, das doch mein einziger Stolz ist, das ganz allein die Quelle von allem ist, aller Kraft, aller Seligkeit und allen Elends. Ach, was ich weiss, kann jeder wissen — mein Herz habe ich allein«. Die Melancholie, die den Grundzug seines Wesens ausmacht, hat »die Harmonie seines Wesens völlig zerstört«; er lässt sich manchmal »von einem Glase Wein verleiten, eine Bouteille zu trinken«, und Lotte sagt zu ihm, dass seine Lustigkeit noch fürchterlicher als seine Traurigkeit« sei. Er »arbeitet gern leicht weg«, doch sind »seine thätigen Kräfte zu einer unruhigen Lässigkeit verstimmt«. Recht im Gegensatz zu dem zerrissenen Wesen Werthers steht das harmonische Wesen Lottes: »so viel Einfalt bei so viel Verstand, so viel Güte bei so viel Festigkeit, und die Ruhe der Seele bei dem wahren Leben und der Thätigkeit«. Fester Charakter, Freundlichkeit und Freimut, Unschuld und Unbefangenheit sind die Eigenschaften, die ihr von Allen zugestanden werden. Ebenso bezeichnend für ihn selbst wie für Albert ist das, was Werther einmal an ihm tadelt: »ein gewisser Mangel an Fühlbarkeit, ein Mangel, dass sein Herz nicht sympathisch schlägt bei — ah — bei der Stelle eines lieben Buches«. Recht treffend wird Albert durch folgende Bemerkung geschildert: »wenn er glaubt, etwas Übereiltes, Allgemeines, halb Wahres gesagt zu haben, so hört er nicht auf zu limitiren, zu modifiziren, und ab und zu zu thun, bis zuletzt gar nichts mehr an der Sache ist«. Sonst ist Werther der Lobeserhebungen über Albert voll: »ein braver lieber Mann, dem man gut sein muss«, »auch ist er so ehrlich«, »er hat viel Gefühl«, »er scheint wenig üble Laune zu haben«, »er ist der beste Mann unter dem Himmel«, »so recht fertig ist der Mensch«. Über die übrigen Personen des Romans ist nicht viel zu sagen; da ist der Doktor, »der eine sehr dogmatische Drahtpuppe ist, unter dem Reden seine Manchetten in Falten legt und einen Creusel ohne Ende herauszupft«, oder der Gesandte »noch dazu ein widriger Mensch«, »wenn er nur nicht so unhold wäre«, »er ist der pünktlichste Narr, den es nur geben kann«. »Sonst sind«, sagt Werther, »mir einige Originale in den Weg gelaufen, an denen alles unausstehlich ist, am unerträglichsten ihre Freundschaftsbezeigungen«.

Ein gleicher Zwiespalt zwischen den Forderungen der Welt und des Herzens geht durch das Wesen des Herz im Waldbruder. »Das Pressende und Drückende meiner äusseren Umstände presst und drückt mich nicht. Es ist etwas in mir, was mich gegen alles Äussere fühllos macht«. »Abzusterben für die Welt, die mich so wenig kannte, als ich sie zu kennen wünschte, o welche schwermütige Wollust liegt in diesem Gedanken!« »Ich weide mich zuweilen an einer Thräne, die mir das süsse Gefühl des Mitleids mit mir selbst auf die Wange bringt«. »Er lebt und webt in lauter Phantasien und kann nichts, auch manchmal nicht die unerheblichste Kleinigkeit aus der wirklichen Welt an ihren rechten Ort legen«. Er ist »voller Talente« und hat »einen viel zu originellen Geist, um seine Eigentümlichkeiten aufgeben zu wollen«; er ist »ein Narr auf Charakter und hatte zu viel Ekel und Launen, sie in der wirklichen Welt aufzusuchen«, dabei ist er aber nicht eitel und selbstbewusst genug, seinen Charakter für den besten zu halten, sondern »er hat sich nun einmal eine gewisse Fertigkeit gegeben, die seine andere Natur ist, alle Menschen und Handlungen in einem idealistischen Lichte anzusehen. Alle Charaktere und Meinungen, die von den seinigen abgehen, scheinen ihm so gross, er sucht zu viel dahinter ...«, wie denn überhaupt »seine Seele eine wunderbare, romantische Stimmung« hat; »er ist wie ein wilder, wütiger Hengst, den man gespornt hat, der Zaum und Zügel verachtet«. Der romantische Zug seines Charakters riss ihn aus den angenehmsten Verhältnissen; »er wusste sich durch seine Gelehrigkeit und durch die guten Eigenschaften seines Geistes und Herzens« überall zu empfehlen, »er war sehr einschmeichelnd beim Frauenzimmer«, »er hatte ein mässiges Einkommen, das zu seinen kleinen Ausgaben hinreichte, er hatte Freunde, die ihn ohne Absichten liebten, er hatte Mädchen, die an kleinen Netzen für sein Herz webten, in denen er sich nur soweit verstrickte, als es ihm behaglich war«; und aus allen diesen Verhältnissen entfloh Herz in romantische Einsamkeit; »wenn ich Mangel habe, gehe ich ins Dorf und thue ein Tag Tagelöhnersarbeit, dafür kann ich zwei Tage meinen Gedanken nachhängen«. Ein wahrer Hymnus wird auf das Wesen der Gräfin Stella angestimmt: »die Erziehung einer Fürstin, das selbstschöpferische Genie eines Dichters, das gute Herz eines Kindes«, »Jung und Alt, Gross und Klein, Vornehm und Gering, Gelehrt und Ungelehrt, befinden sich herzlich wohl bei ihr, weil ihr Verstand in das Innerste eines jeden zu dringen und ihr Herz für jede Lage seines Herzens ein Erleichterungsmittel weiss«, »es lebt und athmet in ihren Briefen eine solche Jugend, so viel Scherz und Liebe und Freude, und ist doch so tiefer Ernst die Grundlage von alledem, so göttlicher Ernst, der eine ganze Welt beglücken möchte«! »Sie ist in der That ein rechtes Muster aller Vollkommenheiten, sie tanzt wie ein Engel, zeichnet, malt nach dem Leben, spricht alle Sprachen, ist mit jedermann freundlich und liebereich«, »alle ihre Stunden sollen so eingeteilt sein, dass sie niemalen müssig geht, sie unterhält eine Korrespondenz, wozu mancher Staatsminister nicht Sekretairs genug finden würde, und die Briefe schreibt sie alle während der Zeit, da sie frisiert wird, auf der Hand, damit sie ihr von ihren übrigen Beschäftigungen nicht Zeit wegnehmen«. Die Charakteristik der übrigen Personen ist mit wenig Strichen und ziemlich oberflächlich gezeichnet.

Eine gewisse Ähnlichkeit, mindestens im Überwuchern der Phantasie, hat mit dem Waldbruder die Figur des Zerbin, nur dass in der Anlage wenigstens Zerbin weit mehr Energie und Selbständigkeit aufweist, als der sentimental verzärtelte Herz. »Sich selbst alles zu danken haben, war sein Plan. Als gemachter Mann zu seinem Vater zurückzukehren (der durch schmutzigen Wucher ein Vermögen gesammelt hatte) und ihn zu bewegen, durch Wohlthaten den Wucher wieder gut zu machen, oder nach seinem Tode die Erbschaft dazu zu verwenden, um auch von sich in den Zeitungen reden zu machen«. »Mit einer kühnen, glühenden Einbildungskraft und einem Herzen, das alles aus sich zu machen verspricht; einem Herzen, das seinem Besitzer zum voraus zusagt, sich durch kein Schicksal, sei es auch von welcher Art es wolle, entmutigen zu lassen«, verband Zerbins Charakter »ein reizbares, für alle Vorzüge der Schönheit empfindliches Herz«. Dabei war er von fast unüberwindlicher Sinnlichkeit, deren mannhafte Unterdrückung »ihn oft ganz elend, so elend machte, dass er die erschöpften Wollustdiener um ihre Kaltblütigkeit und den Geist freilassende Kaltsinnigkeit beneidete«. Die auf Zerbins Phantasieleben, Liebesirrungen und Ehescheu bezüglichen Stellen habe ich schon Seite 50 f. aufgeführt. Renathchen »hatte bis in ihr zwanzigstes Jahr kokettierend, d. h. mit der sorgenfreiesten Seele von der Welt, nur an den Küzel gedacht, täglich einige zwanzig wohlfrisierte Anbeter mit den unterthänigsten Reverenzen unten an ihren Fenstern vorbeikriechen zu sehen«. An Tagen, wo dies nicht der Fall war, »sanken alle ihre schönen Gesichtszüge, sie kroch in einen Winkel, schlug einen Roman auf, der ihr nicht schmeckte, und indem sie kaum zwei Zeilen gelesen hatte ...«, »so schlich ihr Leben vom vierzehnten bis zwanzigsten Jahre in einem da capo unbedeutender Eroberungen hin«; und sie stand auf dem Punkt, ihre Koketterie zu einem ernsthaften Männerfang auszubeuten, als sie den Zerbin kennen lernte und dessen unbeholfene Anbetung dazu zu benutzen suchte, einen anderen lässigen Liebhaber ein wenig aufzustacheln. Dieser Liebhaber namens Altheim gehört zu jenen »erschöpften Wollustdienern«, die Zerbin beneidete: »er war eine jener wächsernen Seelen, die sich gar zu gern von anderen lenken lassen, weil sie gar zu bequem oder am Ende zu unvermögend sind, ihren Verstand selbst zu brauchen«. Zerbins zweite Liebe, Hortensie, war eine Person, »die dem Bücherlesen ungemein ergeben war, und sich zu diesem Ende ganze Wochen lang in ihrem Kabinett einschloss, ohne sich anders als beim Essen sehen zu lassen«. Die Gutherzigkeit der Dienstmagd Marie war ohne Grenzen. Bei ihrer Hinrichtung heisst es: »sie hatte bis in den letzten Augenblick die liebenswürdige, milde Heiterkeit in ihren Mienen, sogar in ihrer ganzen Stellung, in dem nachlässigen Herabsinken ihrer Arme und des Hauptes, noch beibehalten, die ihren Charakter so vortrefflich auszeichnete«.

Es ist bekannt, dass im Allwill sowohl wie im Woldemar Jacobi nicht recht zu einer greifbaren Charakteristik der Personen durchgedrungen ist; die philosophischen Bestrebungen, die in den Romanen vorherrschen, verflüchtigen die Figuren zu nebelhaften Gebilden. Allwills Ideal ist das Aufgehen im All-Liebesgefühl. »Nie war ein Jüngling erschienen wie Allwill, so sinnig, so bescheiden und zugleich so voll Geist und edlem Eifer. Keine Tugend, keine Liebenswürdigkeit, die sich nicht in ihm abspiegelte wie Sonne im Meer, und das so ganz aus nackender Eigenschaft der Natur. Überall im vollen Entzücken über fremdes Verdienst, war sein einziges Bestreben, dass er nur gelitten würde; eine so rührende Einfalt bei so vielen Vortrefflichkeiten bei dem schönsten

Jugendglanze musste bezaubern«. Clemens hingegen nennt ihn »einen Besessenen«, »einen schrecklichen Charakter, dem es fast in keinem Falle gestattet sei, willkürlich zu handeln«; es sei etwas von Ruchlosigkeit in ihm; »die vorzüglichen Anlagen, die bei ihm vorausgesetzt werden müssen, führen die Gefahr des Missbrauchs mit sich.«»Hüte dich««, habe ich irgendwo gelesen, »»hüte dich vor dem, den Gott gezeichnet hat««. Jedes Übermass von Kräften reizt zu einer Art von Gewaltthätigkeit und Unterdrückung. Hierzu kommt bei Allwill, dass seinen vorzüglichen Gaben eine besonders zarte und lebhafte Sinnlichkeit, eine grosse Gewalt des Affekts und eine ungemeine Energie der Einbildungskraft zu Grunde liegt. Ich nenne den Affekt vor der Einbildungskraft, weil die Einbildungskraft der Allwille vornehmlich die Einbildungskraft des Affekts und weniger als bei anderen Menschen ein freies Geistesvermögen ist«. ».... dass, wo der hellere Kopf ist, auch ein höherer Grad von Ruchlosigkeit sich einstellen werde. Bei der Helle des Kopfs wird der Übergang der Empfindungen zur Reflexion, zur Beschauung und Wiederbeschauung .... bis endlich Anschauung, Betrachtung und Empfindung jeder Art von der zur grössten Fertigkeit gediehenen Selbstbesinnung, Geistesgegenwärtigkeit und innerer Sammlung, welche die Helden dieser Gattung, selbst in der ärgsten Beklemmung und Leidenschaft, nie ganz verlässt, unaufhörlich nur verschlungen werden, und für sich keine Gewalt und natürliche Rechte mehr haben. Der ganze Mensch, seinem sittlichen Teil nach, ist Poesie geworden. Die Vollkommenheit dieses Zustands ist eigentlich Mysticismus der Gesetzesfeindlichkeit und ein Quietismus der Unsittlichkeit. Unter den Egoisten machen diese Zauberer eine eigene Klasse aus«.

Auch Woldemar gehört zur Klasse der dämonischen Egoisten. Er war ein Weltmann von den feinsten Sitten, Niemand wusste die Unterhaltung so zu beleben und dem Vergnügen aufzuhelfen wie er; stets ist er hilfsbereit und nimmt am Unscheinbarsten lebhaften Teil; er hatte »mit leidenschaftlicher Anstrengung die Menschen beobachtet, sich selbst zu erforschen gesucht«. »Durch eine sonderbare Vereinigung von Ungestüm und Stille, von Trotz und Nachgiebigkeit, hatte er sich schon in seiner Kindheit ausgezeichnet. Heftig ergriff sein Herz alles, wovon er berührt wurde und sog es in sich mit langen Zügen. Sobald sich Gedanken in ihm bilden konnten, wurde jede Empfindung in ihm Gedanke und jeder Gedanke wieder Empfindung. Was ihn anzog, dem folgte seine ganze Seele; darin verlor er sich jedesmal selbst — träumte, dichtete sich eine Sympathie, fand in sich selbst ihr Bild, ahnte und genoss, genoss und ahnte, vermehrte seine Sehnsucht; wurde suchender und forschender mit jedem Tage, wurde mit jedem Tage: was er suchte? was er finden wollte? inniger gewahr. So kam er seinem Gegenstande immer näher, so entfernte sich in gleichem Masse sein Gegenstand immer mehr von ihm. Das Geheimnis dieses Widerspruchs stimmte ihn zu einer Schwermut, die jede schöne Seele ihm wird nachempfinden können, wenn auch die stärkere edel sich darüber zu erheben weiss«.

Man sieht, dass beim Ideal der Leidenschaft die Reaktion gegen Philistertum, Materialismus und Schablone in der Charakteristik des Wesens der Personen deutlich zu Tage tritt. Mit den Anforderungen, die das Leben an den Charakter stellt, wissen sich diese Personen schlecht abzufinden, da die Hälfte ihres Seins, in unpraktischen, sentimentalen Reflexionen oder in überirdischen Regionen schwebend, sich unfruchtbar abnutzt: Egoisten und philantropische Weltbürger stehen einander gegenüber, ja in manchen Charakteren finden sich Züge aus beiden Wesensarten gemischt.

Im Wilhelm Meister treten fast ein halbes Hundert, nämlich dreiundvierzig Personen auf, die jede knapper oder ausführlicher charakterisiert sind. Wilhelms äusseres Benehmen zeugt von guter Erziehung, »seine gute Art, sich gegen Fremde zu betragen« bereitet ihm überall eine günstige Aufnahme. Auf Körperkraft und Ritterlichkeit sahen wir bei Werther keinen Wert gelegt, bei Wilhelm ist das anders. Als Wilhelm Mignon von dem Seiltänzerdirektor misshandelt werden sieht, »fuhr er wie ein Blitz auf den Mann zu, und fasste ihn bei der Brust ... er fasste zugleich den Kerl mit einer Gewalt, die nur der Zorn geben kann, bei der Kehle, dass dieser zu ersticken glaubte, das Kind losliess, und sich gegen den Angreifenden zu vertheidigen suchte«. Ein andermal, als alle vor der drohenden Kriegsgefahr zurückschrecken, zeigt Wilhelm Entschlossenheit und Mut: »nur Wilhelm, von Furcht nicht eingenommen, hielt für schimpflich, einen Plan, in den man mit so viel Überlegung eingegangen war, nunmehr auf ein blosses Gerücht aufzugeben. Er sprach ihnen Muth ein, und seine Gründe waren männlich und überzeugend«. Daneben fehlte es ihm nicht an Eitelkeit, das zeigt sich z. B. während seiner Werbung um Mariane: »und in selbstgefälliger Bescheidenheit erblickte er in sich den trefflichen Schauspieler, den Schöpfer eines künftigen National-Theaters, nach dem er so vielfältig hatte seufzen hören«. Auch eine gewisse Prachtliebe gehört zu seinen Fehlern, die freilich durch Ordnungsliebe ein wenig gemildert wird: »Ordnung und Reinlichkeit war das Element, worin er athmete, und indem er von seines Vaters Prunkliebe einen Theil geerbt hatte, wusste er in den Knabenjahren sein Zimmer, das er als sein kleines Reich ansah, stattlich auszustaffiren«. Über den Luxus hält Wilhelm einmal eine kleine Standrede: »ist denn alles unnütz, was uns nicht unmittelbar Geld in den Beutel bringt, was uns nicht den allernächsten Besitz verschafft? Hatten wir in dem alten Hause nicht Raum genug? und war es nöthig, ein neues zu bauen? Verwendet der Vater nicht jährlich einen ansehnlichen Theil seines Handelsgewinnes zur Verschönerung der Zimmer? Diese seidenen Tapeten, diese englischen Mobilien sind sie nicht auch unnütz?« Zu den von seiner Umgebung für unnütz gehaltenen Beschäftigungen gehört auch die Poesie, von der Wilhelm in seinem vierzehnten Jahre eine Beschreibung liefert, die das Idealbild vollendetster Harmonie ist: »herrlich gebildet, in ihrem Wesen und Betragen als eine Tochter der Freiheit anzusehen. Das Gefühl ihrer selbst gab ihr Würde ohne Stolz; ihre Kleider ziemten ihr, sie umhüllten jedes Glied, ohne es zu zwängen, und die reichlichen Falten des Stoffes wiederholten, wie ein tausendfaches Echo, die reizenden Bewegungen der Göttlichen«. Eine harmonische Ausbildung kennzeichnet Wilhelm öfter als das ihm vorschwebende Ideal: »nachdem ich etwas erfahren hatte, kam es mir erst vor, als ob ich garnichts wisse, und ich hatte Recht: denn es fehlte mir der Zusammenhang, und darauf kommt doch eigentlich alles an«. Ein andermal heisst es »aber deutlich konnte er nicht sehen, welches unüberwindliche Bedürfniss ihm die Natur zum Gesetz gemacht hatte, und wie sehr dieses Bedürfniss durch Umstände nur gereizt, halb befriedigt und irre geführt worden war«; und deutlicher ist das Ziel harmonischer Ausbildung in den Worten ausgedrückt, dass die Menschen rastlos nach dem jagten, »was der Dichter von der Natur erhalten hat, nach dem Genuss der Welt, nach dem Mitgefühl seiner selbst in andern, nach einem harmonischen Zusammenseyn, mit vielen oft unvereinbaren Dingen«. Schon früh zeigte sich bei Wilhelm Anlage zur Phantasie. Ich erinnere an die Stelle, wo er als Erwachsener das Puppenspiel, das Ergötzen seiner Kindheit, wiedersieht, wo er die Puppen fand und »einen Augenblick in jene Zeiten versetzt war, wo sie ihm noch belebt schienen, wo er sie durch die Lebhaftigkeit seiner Stimme, durch die Bewegung seiner Hände zu beleben glaubte«. Phantastisch und optimistisch ist er leicht bereit, auch der Lüge einen Schein der Berechtigung zu leihen; als er durch fortwährendes

Lügen seine Eltern über den Besuch des Theaters täuschte, als er den Plan seiner Flucht vom Elternhause fasst, sagt Goethe: »so gross war seine Leidenschaft, so rein seine Überzeugung, er handle vollkommen recht, sich dem Drucke seines bisherigen Lebens zu entziehen, und einer neuen, edlern Bahn zu folgen, dass sein Gewissen sich nicht im Mindesten regte, keine Sorge in ihm entstand, ja dass er vielmehr diesen Betrug für heilig hielt. Er war gewiss, dass ihn Eltern und Verwandte in der Folge für diesen Schritt preisen und segnen sollten, er erkannte den Wink eines leitenden Schicksals an diesen zusammentreffenden Umständen«. Ein rascher Wechsel von Plänen bewegt die leichte Seele Wilhelms häufig genug; »dieses Fehlers muss ich mich anklagen. Die grösste Freude lag bei mir in der Erfindung, und in der Beschäftigung der Einbildungskraft«; treues Ausharren bei der Arbeit war Wilhelms Sache nicht: »zu vollenden ist nicht Sache des Schülers, es ist genug, wenn er sich übt«. »Und doch liesse sich wohl die Frage aufwerfen: ob man nicht eben gute Hoffnung von einem jungen Menschen fassen könne, der bald gewahr wird, wenn er etwas Ungeschicktes unternommen hat: in der Arbeit nicht fortfährt, und an etwas, das niemals einen Werth haben kann, weder Mühe noch Zeit verschwenden mag«. So entschuldigt sich Wilhelm auf Werners Anklage: »ich weiss wohl, es war nie deine Sache, etwas zu Stande zu bringen, du warst immer müde, eh' es zur Hälfte kam. So geht Wilhelm auch leicht in der Übereilung bindende Verpflichtungen ein. Weil er von Melina auf der Schwelle aufgehalten wurde, als er Philine nachsehen wollte, sagte er rasch den Kauf der Theaterrequisiten zu; er rief »mit einer überraschten Zerstreuung und eilfertigen Gutmütigkeit: wenn ich Sie dadurch glücklich und zufrieden machen kann, so will ich mich nicht länger bedenken. Gehn Sie hin, machen Sie alles richtig. Ich bin bereit, noch diesen Abend oder morgen früh das Geld zu zahlen«; so schwört er, als die Schauspielertruppe durch den feindlichen Überfall ruiniert, in Verwünschungen ausbricht: »dass ich nicht eher von euch weichen, euch nicht eher verlassen will, als bis ein jeder seinen Verlust doppelt und dreyfach ersetzt sieht, bis ihr den Zustand, in dem ihr euch befindet, völlig vergessen und mit einem glücklichern vertauscht habt«, so nimmt er Mignon den Harfner und Friedrich als seine Familie auf, verspricht für sie zu sorgen, und das in einem Augenblick, in dem er selbst nicht weiss, was aus ihm werden soll. Stets ist Wilhelms Herz leicht zu Mitleid und Enthusiasmus entflammt; als der Harfner gesungen hatte »enthielt sich Wilhelm kaum, ihm um den Hals zu fallen; nur die Furcht, ein lautes Gelächter zu erregen, zog ihn auf seinen Stuhl zurück; nach einem anderen Liede des Harfners heisst es von Wilhelm: »seine Seele war tief gerührt, die Trauer des Unbekannten schloss sein beklommenes Herz auf; er widerstand nicht dem Mitgefühl, und wollte und konnte die Thränen nicht zurückhalten, die des Alten herzliche Klage endlich auch aus seinen Augen hervorlockte. Alle Schmerzen, die seine Seele drückten, lösten sich zu gleicher Zeit auf, er überliess sich ihnen ganz«. Beim Anblick eines Bildes, das ein strandendes Schiff darstellt, ergriff »ein unaussprechliches Mitleiden unsern Freund, er fühlte ein unwiderstehliches Bedürfniss seinem Herzen Luft zu machen, Thränen drangen aus seinem Auge, und er konnte sich nicht wieder erholen, bis ihn der Schlaf überwältigte«. Als Wilhelm in dem Schlafrock des Grafen und in Erwartung der angebeteten Gräfin im Lehnstuhl sass, zogen ihm die verschiedenen Phasen seines Liebeslebens im Geiste vorüber: »Mariane erschien ihm im weissen Morgenkleide, und flehte um sein Andenken. Philinens Liebenswürdigkeit, ihre schönen Haare, und ihr einschmeichelndes Betragen waren durch ihre neueste Gegenwart wieder wirksam geworden; doch alles trat wie hinter den Flor der Entfernung zurück, wenn er sich die edle, blühende Gräfin dachte, deren Arm er in wenig Minuten an seinem Halse fühlen sollte, deren unschuldige Liebkosungen er zu erwidern aufgefordert war«.

Das Wesen des alten Meister besteht aus freundlicher Gefälligkeit und einem gemässigten Epikuräismus; er gestand »einem Freunde aus Gefälligkeit zu, was er seinen Kindern aus Überzeugung abgeschlagen hatte«, er will die Aufführung des Puppenspiels nicht wiederholen lassen, weil »er behauptete, nur ein seltenes Vergnügen könne bei den Menschen einen Werth haben, Kinder und Alte wüssten nicht zu schätzen, was ihnen Gutes täglich begegnete«. Die Lebensweise des alten Meisters wird uns so geschildert: »er hatte gleich nach dem Tode seines Vaters eine kostbare Sammlung von Gemählden, Zeichnungen, Kupferstichen und Antiquitäten ins Geld gesetzt, sein Haus nach dem neuesten Geschmacke von Grund aus aufgebaut und möblirt, und sein übriges Vermögen auf alle mögliche Weise gelten gemacht... nichts wünschte aber der alte Meister so sehr, als seinem Sohne Eigenschaften zu geben, die ihm selbst fehlten, und seinen Kindern Güter zu hinterlassen, auf deren Besitz er den grössten Werth legte. Zwar empfand er eine besondere Neigung zum Prächtigen, zu dem was in die Augen fällt, das aber auch zugleich einen innern Werth und eine Dauer haben sollte. In seinem Hause musste alles solid und massiv seyn, der Vorrath reichlich, das Silbergeschirr schwer, das Tafelservice kostbar, dagegen waren die Gäste selten, denn eine jede Mahlzeit ward ein Fest, das sowohl wegen der Kosten, als wegen der Unbequemlichkeit nicht oft wiederholt werden konnte. Sein Haushalt ging einen gelassenen und einförmigen Schritt, und alles, was sich darin bewegte und erneuerte, war gerade das, was niemandem einigen Genuss gab«. Beinah entgegengesetzt ist die Lebensweise seines Freundes, des alten Werner, er lebte »in einem dunkeln und finstern Hause. Hatte er seine Geschäfte in der engen Schreibstube am uralten Pulte vollendet, so wollte er gut essen, und womöglich noch besser trinken, auch konnte er das Gute nicht allein geniessen: neben seiner Familie musste er seine Freunde, alle Fremden, die nur mit seinem Hause in einiger Verbindung standen, immer bei Tische sehn. Seine Stühle waren uralt, aber er lud täglich jemanden ein, darauf zu sitzen. Die guten Speisen zogen die Aufmerksamkeit der Gäste auf sich, und niemand bemerkte, dass sie in gemeinem Geschirr aufgetragen wurden. Sein Keller hielt nicht viel Wein, aber der ausgetrunkene ward gewöhnlich durch einen bessern ersetzt«. Diese Lebensauffassung ist auch auf seinen Sohn übergegangen: »nur nicht Überflüssiges im Hause! nur nicht zu viel Möbeln, Geräthschaften, nur keine Kutschen und Pferde! Nichts als Geld, und dann auf eine vernünftige Weise jeden Tag gethan, was dir beliebt. Nur keine Garderobe, immer das Neueste und Beste auf dem Leibe ... Das ist also mein lustiges Glaubensbekenntniss, seine Geschäfte verrichtet, Geld geschafft, sich mit den Seinigen lustig gemacht, und um die übrige Welt sich nicht mehr bekümmert, als insofern man sie nutzen kann«. Sein Handelssinn war schon früh ausgebildet, so war er es, der Wilhelm veranlasste, die Puppen seines Theaters immer neu zu garderobieren. »Warst du's nicht«, ruft Wilhelm ihm zu, »der immer ein neues Stück Band zu verhandeln hatte, der meine Liebhaberey anzufeuern und zu nützen wusste?« »Werner lachte und rief aus: Ich erinnere mich immer noch mit Freuden, dass ich von euren theatralischen Feldzügen Vortheil zog, wie Lieferanten vom Kriege ... ich finde nichts vernünftiger in der Welt, als von den Thorheiten Anderer Vortheil zu ziehen«. Im Übrigen wird Werner geschildert als einer »von den geprüften, in ihrem Daseyn bestimmten Leuten, die man gewöhnlich kalte Leute zu nennen pflegt, weil sie bei Anlässen weder schnell noch sichtlich auflodern«.

Marianens Liebhaber, der Kaufmann Norberg, charakterisiert sich am besten durch den Brief, den er an Mariane schrieb: »so hab' ich dich lieb, kleiner Narre! was war dir auch gestern? Heute Nacht komm' ich zu dir. Ich glaube wohl, dass dir's leid thut, von hier wegzugehen; aber habe Geduld; auf die Messe komm' ich dir nach. Höre, thu' mir nicht wieder die schwarzgrünbraune Jacke an, du siehst d'rin aus wie die Hexe von Endor. Hab' ich dir nicht das weisse Negligé darum geschickt, dass ich ein weisses Schäfchen in meinen Armen haben will? Schick' mir deine Zettel immer durch die alte Sibylle; die hat der Teufel selbst zur Iris bestellt«. Barbara, auf die Norberg hier anspielt, zeichnet sich durch Bestechlichkeit, Geldgier, Habsucht und Neugierde aus. Mariane selbst ist oberflächlich, leichtsinnig und leidenschaftlich. Schon die Beschreibung ihres Zimmers lässt auf ihren Charakter schliessen: »die Trümmer eines augenblicklichen, leichten und falschen Putzes lagen, wie das glänzende Kleid eines abgeschuppten Fisches, zerstreut in wilder Unordnung durcheinander. Die Werkzeuge menschlicher Reinlichkeit, als Kämme, Seife, Tücher waren mit den Spuren ihrer Bestimmung gleichfalls nicht versteckt. Musik, Rollen und Schuhe, Wäsche und Italiänische Blumen, Etuis, Haarnadeln, Schminktöpfchen und Bänder, Bücher und Strohhüte, keines verschmähte die Nachbarschaft des andern, alle waren durch ein gemeinschaftliches Element, durch Puder und Staub, vereinigt«. Ihre Oberflächlichkeit und ihr Leichtsinn, der Mangel an sittlicher Durchbildung, rächt sich, wenn sie allein ihren Gedanken nachhängt »und aus den Wolken, in denen Wilhelms Leidenschaft sie emportrug, in das Bewusstseyn ihres Zustandes herabsank, dann war sie zu bedauern. Denn Leichtsinn kam ihr zu Hülfe, so lange sie in niedriger Verworrenheit lebte, sich über ihre Verhältnisse betrog, oder vielmehr sie nicht kannte; da erschienen ihr die Vorfälle, denen sie ausgesetzt war, nur einzeln; Vergnügen und Verdruss lösten sich ab, Demüthigung wurde durch Eitelkeit, und Mangel oft durch augenblicklichen Überfluss vergütet; sie konnte Noth und Gewohnheit sich als Gesetz und Rechtfertigung anführen, und so lange liessen sich alle unangenehmen Empfindungen von Stunde zu Stunde, von Tag zu Tag abschütteln. Nun aber hatte das arme Mädchen sich Augenblicke in eine bessere Welt hinübergerückt gefühlt, hatte, wie von oben herab, aus Licht und Freude in's Öde, Verworrne ihres Lebens herunter gesehen, hatte gefühlt, welche elende Creatur ein Weib ist, das mit dem Verlangen nicht zugleich Liebe und Ehrfurcht einflösst, und fand sich äusserlich und innerlich um nichts gebessert. Sie hatte nichts, was sie aufrichten konnte. Wenn sie in sich blickte und suchte, war es in ihrem Geiste leer, und ihr Herz hatte keinen Widerhalt«. Der Mangel an sittlichem Halt zeigt sich bei Mariane recht deutlich darin, dass sie das neue Negligé »das Geschenk des abwesenden Liebhabers in den Armen des gegenwärtigen einweihte, und mit wahrer Leidenschaft den ganzen Reichthum ihrer Liebkosungen, welche ihr die Natur eingab, welche die Kunst sie gelehrt hatte, an ihren Liebling verschwendete«, oder wenn sie bei der Nachricht, dass Norberg in vierzehn Tagen ankomme, ausruft »vierzehn Tage! Welche Ewigkeit! In vierzehn Tagen, was kann da nicht vorfallen«, »und wenn mir die Morgensonne meinen Freund rauben sollte, will ich mir's verbergen«. »Fort, fort«, ruft sie der Barbara zu, als diese ihr Norbergs freigebige Geschenke weist, »heute will ich nichts von allem diesem hören. Ich habe dir gehorcht, du hast es gewollt, es sey so! Wenn Norberg zurückkehrt, bin ich wieder sein, bin ich dein, mache mit mir, was du willst, aber bis dahin will ich mein seyn, und hättest du tausend Zungen, du solltest mir meinen Vorsatz nicht ausreden. Dieses ganze Mein will ich dem geben, der mich liebt und den ich liebe ... ich will mich dieser Leidenschaft überlassen, als wenn sie ewig dauern sollte«. Und der Mangel an Fähigkeit zu wahrem Ernst und zu einem tiefen Interesse an dem leidenschaftlich geliebten Wilhelm zeigt sich in der berühmten Scene, als Mariane bei der langen Erzählung Wilhelms aus seiner Jugendzeit sanft in den Armen des Geliebten einschlummert.

Im zweiten Lebenskreis Wilhelms tritt uns zunächst Melinas nüchterner, berechnender, wenig edler Charakter entgegen, der im Gegensatz zu dem poetischen, sentimentalen, allerdings etwas äusserlichen Charakter seiner Gattin steht. Gleich beim ersten Auftreten dieser beiden Personen, als sie auf der Flucht eingeholt, vor den Richter geführt werden, wird die Verschiedenheit ihres Charakters bezeichnet. Während Melina »über sein Schicksal mehr nachdenkend« war, gesetzte Antworten gab, und »wenn er von einer Seite wenig heroische Freimüthigkeit zeigte«, sich hingegen »durch Bestimmtheit und Ordnung seiner Aussage empfahl«, so zeugte »die Art, wie Madame Melina gekleidet war und sich überhaupt betrug, dass sie ein Mädchen sey, die etwas auf sich halte«. Kaum hatte Wilhelm sich zum Vermittler des flüchtigen Paares erboten, so »erheiterte sich das traurige und sorgenvolle Gemüth des Gefangnen, er fühlte sich schon wieder befreit, mit seinen Schwiegereltern versöhnt, und es war nun von künftigem Erwerb und Unterkommen die Rede«. Seine nüchterne Auffassung des Lebens beweist das so recht, dass er, als der Harfner von den enthusiastischen Zuhörern reichlich beschenkt wird, ausruft: »so viel weiss ich, dass uns dieser Mann in Einem Puncte gewiss beschämt, und zwar in einem Hauptpuncte. Die Stärke seiner Talente zeigt sich in dem Nutzen, den er davon zieht«. Wenn andere zufrieden sind, treibt es ihn stets »zu markten und zu quängeln. Er wollte für weniges Geld besseres Quartier, reichlichere Mahlzeit und promptere Bedienung haben«. Während er gegen seine Untergebenen und Gleichgestellten mürrisch und herrisch ist, treibt er es in der Augendienerei gegen die Grossen ziemlich weit. Die Aussprüche des Barons und des Grafen nimmt er »mit der grössten Devotion auf«; auf die ziemlich sinnlosen Bemerkungen des Grafen erwidert er ehrfurchtsvoll: »ach ja, es hat wohl ihm (dem Pedanten) und mehreren von uns nur ein solcher Kenner und eine solche Aufmunterung gefehlt, wie wir sie gegenwärtig an Ew. Exzellenz gefunden haben«. Unleidlich benimmt sich Melina, wenn er trunken ist, er enthüllt dann die ganze Unzufriedenheit und Undankbarkeit seines Charakters, während Madame Melina ihrem Wesen treu, als der Punsch sie erregte, »erhabene Gedichte recitirte«. Sie »war nicht ohne Bildung, doch fehlte es ihr gänzlich an Geist und Seele. Sie declamirte nicht übel und wollte immer declamiren; allein man merkte bald, dass es nur eine Wortdeklamation war, die auf einzelnen Stellen lastete, und die Empfindung des Ganzen nicht ausdrückte«; sie »war eine Anempfinderin, sie wusste einem Freunde, um dessen Achtung ihr zu thun war, mit einer besondern Aufmerksamkeit zu schmeicheln, in seine Ideen so lange als möglich einzugehen, sobald sie aber ganz über ihren Horizont waren, mit Ekstase eine solche neue Erscheinung aufzunehmen. Sie verstand zu sprechen und zu schweigen, und ob sie gleich kein tückisches Gemüth hatte, mit grosser Vorsicht aufzupassen, wo des andern schwache Seite seyn möchte«. Lebenslust und Gutmütigkeit sind die vorstechendsten Charaktereigentümlichkeiten Philinens, deren sittliche Anschauung sich in den Worten ausspricht, die sie Wilhelm zuruft, als sie ihn mit aufopfernder Güte pflegt: »ich weiss besser, was dir gut ist; ich werde bleiben; ich werde mich nicht von der Stelle rühren. Auf den Dank der Männer habe ich niemals gerechnet, also auch auf deinen nicht, und wenn ich dich lieb habe, was gehts dich an?« »So wie sie ihre Glückseligkeit fand, einen Theil der Männer zu lieben und ihre Liebe zu geniessen, so war das Vergnügen nicht viel geringer, das sie sich so oft als möglich gab, die übrigen, die sie eben in diesem Augenblicke nicht liebte, auf eine sehr leichtfertige Weise zum besten zu haben«. Des Vorteils durch Sprödethun auch über vornehme Leute Gewalt zu haben, »bediente sie sich nur, um sich zu belustigen, um sich einen guten Tag zu machen, und impertinent zu seyn, wo sie merkte, dass es ohne Gefahr geschehen konnte«. »Wenn sie sich etwas vornimmt oder jemanden etwas verspricht, so geschieht es nur unter der stillschweigenden Bedingung, dass es ihr auch bequem seyn werde, den Vorsatz auszuführen, oder ihr Versprechen zu halten. Sie verschenkt gern, aber man muss immer bereit seyn, ihr das Geschenkte wieder zu geben«. Auf einer lustigen Spazierfahrt warf sie »jedem Armen, der sie anbettelte, etwas zum Schlage hinaus, indem sie ihm zugleich ein munteres und freundliches Wort zurief«; »drollig bis zur Ausgelassenheit setzte sie ihre Freigebigkeit gegen die Armen auf dem Heimwege fort, indem sie zuletzt, da ihr und ihren Reisegefährten das Geld ausging, einem Mädchen ihren Strohhut und einem alten Weibe ihr Halstuch zum Schlage hinauswarf«. Liebenswürdig, heiter und genusssüchtig, wie sie ist, lässt sie selten den frohen Augenblick unbenutzt vorübergehen: »lass uns, da wir der Zeit nicht nachlaufen können, wenn sie vorüber ist, sie wenigstens als eine schöne Göttin, indem sie bei uns vorbeizieht, fröhlich und zierlich verehren«, »man muss ja keine Zeit versäumen, man weiss nicht, wie lange man noch beisammen bleibt«. Von ihrer Koketterie legt sie unzählige Proben ab; auch ein wenig Sinnlichkeit ist dabei; als sie Wilhelm frisiert, vermeidet sie es nicht, mit ihren Knieen die seinigen zu berühren und Strauss und Busen seinen Lippen nahe zu bringen.

Mignon beweist schon in ihrem äusseren Benehmen ihren merkwürdigen, man möchte sagen überirdischen Charakter. Schon ihr sonderbarer Gruss berührt wunderbar. Sie »blieb am Eingange stehen ... legte die rechte Hand vor die Brust, die linke vor die Stirn, und bückte sich tief ... sie brachte ihre Antworten ... mit einer sonderbar feyerlichen Art vor; dabei legte sie jedesmal die Hände an Brust und Kopf und neigte sich tief«; »sie konnte nicht sein, ohne einen Bindfaden in den Händen zu drehen, ein Tuch zu kneten, Papier oder Hölzchen zu kauen«. »In all seinem Thun und Lassen hatte das Kind etwas Sonderbares. Es ging die Treppe weder auf noch ab, sondern sprang; es stieg auf den Geländern der Gänge weg, und eh' man sich's versah, sass es oben auf dem Schranke und blieb eine Weile ruhig. Auch hatte Wilhelm bemerkt, dass es für jeden eine besondere Art von Gruss hatte; ihn grüsste sie seit einiger Zeit, mit über die Brust geschlagenen Armen«. Fast in allen Dingen bemerkte man, dass Wachstum von Körper und Geist nicht gleich Schritt hielten, »bei einer grossen Anstrengung begriff sie nur schwer und mühsam«. Ihr Vater sprach ungern. »Seit vielen Jahren hat er an nichts, was ausser ihm war, den mindesten Antheil genommen, ja fast auf nichts gemerkt; bloss in sich gekehrt, betrachtete er sein hohles, leeres Ich, das ihm als ein unermesslicher Abgrund erschien«. Laërtes ist ein thätiger lebhafter Mensch, »er sprang fort, denn er ging niemals«. Schlimme Erfahrungen haben ihn zum Weiberfeinde gemacht; »ich bin Philinens Freund, weil sie mir das Geschlecht so rein darstellt, das ich zu hassen so viele Ursache habe«. Das Wesen des Polterers deckte sich mit dem seiner Rollen »der gutmüthigen, formlosen, polternden Alten«. Serlo hatte »eine heitere Laune, eine gemässigte Lebhaftigkeit, ein bestimmtes Gefühl des Schicklichen bei einer grossen Gabe der Nachahmung«, »eigentliche Erfindungskraft hatte er nicht, dagegen das grösste Geschick, was er vor sich fand zu nutzen, zurecht zu stellen und scheinbar zu machen«. Bei der innerlichen Kälte seines Gemüthes liebte er eigentlich niemand, bei der Klarheit seines Blicks konnte er niemanden achten, denn er sah nur immer die äussern Eigenheiten der Menschen«.

Der liebenswürdige, leichtsinnige, immer verliebte und in romantische Abenteuer verstrickte Friedrich leitet zu dem aristokratischen Lebenskreise Wilhelms ebenso über, wie der klar blickende Jarno, der schon in Wilhelms Schauspielerepoche von so bedeutungsvollem Einfluss auf Wilhelm war. Jarno, »dessen heller Verstand von gegenwärtigen Dingen ein richtiges, strenges Urtheil fällte, dabei aber den Fehler hatte, dass er diese einzelnen Urtheile mit einer Art von Allgemeinheit aussprach, da doch die Aussprüche des Verstandes eigentlich nur einmal und zwar in dem bestimmtesten Falle gelten«. Thätiges Eingreifen ist ihm das Ideal von Lebensglück, das er auch seinem Zögling Wilhelm als ein erreichenswertes Ziel schildert; aber der Verstand ist dasjenige menschliche Gut, welches er am höchsten schätzt: »das Gewebe dieser Welt ist aus Nothwendigkeit und Zufall gebildet. Die Vernunft des Menschen stellt sich zwischen beide und weiss sie zu beherrschen; sie behandelt das Nothwendige als den Grund ihres Daseyns; das Zufällige weiss sie zu lenken, zu leiten und zu nützen, und nur indem sie fest und unerschütterlich steht, verdient der Mensch ein Gott der Erde genannt zu werden«. Der Graf ist aufbrausend und eingebildet, von allem glaubt er so viel zu verstehen, dass sein Urteil nicht nur anhörenswert, sondern auch massgebend sei, und in der That besitzt er eine Menge von Kenntnissen und ein gewisses Organisationstalent; aber weder sein Wissen noch seine Talente schützen ihn vor lächerlichem Aberglauben, und als er in dem verkleideten Wilhelm sich selbst gesehen zu haben glaubt, verändert sich unter dem Druck der Todesfurcht sein ganzes Wesen, »er ward still und in sich gekehrt, aber in seinen Äusserungen milder und freundlicher als gewöhnlich«. Auch das Wesen der Gräfin erleidet durch einen plötzlichen Umstand eine völlige Umwandlung, aber die »schöne Reinheit ihrer Seele«, der Grundzug ihres Charakters bleibt bestehen. Der Baron ist ein dilettantischer Theaterenthusiast. Seine Gattin hat eine wahre Leidenschaft für kleine Intriguen, sie freut sich wie ein Kind auf das heimliche Rendezvous, zu welchem die unwissende Gräfin mit dem verkleideten Wilhelm geführt werden soll, »und mehr noch darauf, dass es heimlich und geschickt gegen den Willen des Grafen unternommen werden sollte«. Durch ihre Koketterie sucht sie ihre ganze Umgebung zu fesseln; »jeder Fremde glaubt, dass er der erste sey, dem ein so angenehmes Betragen gelte; aber er irrt gewaltig, denn wir Alle sind einmal auf diesem Wege herumgeführt worden; Mann, Jüngling oder Knabe, er sey wer er sey, muss sich eine Zeitlang ihr ergeben, ihr anhängen und sich mit Sehnsucht um sie bemühen«. Natalie »war keinen Augenblick ihres Lebens unbeschäftigt und jedes Geschäft ward unter ihren Händen zur würdigen Handlung ... unnachahmlich war von Jugend auf ihr Betragen gegen Nothleidende und Hilfsbedürftige«. Aurelie, die durch Lotharios Liebe dem aristokratischen Kreis zugezählt werden kann, stellt das sich in unglücklicher Liebe leidenschaftlich verzehrende, nicht resignierende Weib dar; sie »rührte die Gemüther«, aber wie Lothario von ihr sagt, »sie war nicht liebenswürdig, wenn sie liebte, und das ist das grösste Unglück, das einem Weibe begegnen kann«. Lothario soll das Ideal eines Mannes darstellen, der »das schönste Ziel, die Harmonie mit sich selbst« erstrebt und zum Teil schon erreicht hat. »Seine Urtheile waren richtig, ohne absprechend, treffend ohne lieblos zu seyn, er zeigte keine Härte, und sein Muthwille war zugleich gefällig. Er schien des guten Glücks bei Frauen gewohnt zu seyn, er war keineswegs schmeichelnd und andringend«. »Sein Gespräch war ernsthaft und gefällig, seine Unterhaltung belehrend und erquickend; oft bemerkte man Spuren einer zarten Fühlbarkeit, ob er sie gleich zu verbergen suchte, und wenn sie sich wider seinen Willen zeigte, beinah zu missbilligen schien«. Mut und persönliche Tapferkeit liessen ihn an den amerikanischen Freiheitskriegen teilnehmen. Wo Lothario nützlich und notwendig zu sein glaubt, dahin geht er mit Hintenansetzung aller Bedenklichkeit. Harmonische Allseitigkeit zeichnet den Abbé aus: »die meisten Menschen, selbst die vorzüglichen, sind nur beschränkt; jeder schätzt gewisse Eigenschaften an sich und andern; nur die begünstigt er, nur die will er ausgebildet wissen. Ganz entgegengesetzt wirkt der Abbé; er hat Sinn für alles, Lust an allem, es zu erkennen und zu befördern«. Therese fühlt sich als ein deutsches Mädchen, als sie Wilhelm ihre Lebensgeschichte mitteilen will, führt sie ihn unter eine Eiche: »hier unter diesem deutschen Baum will ich Ihnen die Geschichte eines deutschen Mädchens erzählen«. »Über ihre Kenntnisse, ihre Bestimmtheit und über die Gewandtheit, wie sie in jedem Falle Mittel anzugeben wusste, musste man staunen«. »Sie hielt sich nirgends auf, eilte immer zu den bedeutenden Puncten, und so war die Sache bald abgethan«.

»Des Menschen grösstes Verdienst bleibt wohl, wenn er die Umstände so viel als möglich bestimmt, und sich so wenig als möglich von ihnen bestimmen lässt«, das ist das Lebensprinzip des Oheims, dessen Ideal es ist, »den sinnlichen Menschen in seinem Umfange zu kennen und thätig in Einheit zu bringen suchen«, »wenn ich einen Menschen kennen lerne, frage ich sogleich, womit beschäftigt er sich? und wie? und in welcher Folge?« Das Ideal der »schönen Seele« spricht sie selbst in folgenden Worten aus: »mein Ideal ist, dass ich immer vorwärts nie rückwärts gehe, dass meine Handlungen immer mehr der Idee ähnlich werden, die ich mir von der Vollkommenheit gemacht habe, dass ich täglich mehr Leichtigkeit fühle, das zu thun, was ich für Recht halte, selbst bei der Schwäche meines Körpers, der mir so manchen Dienst versagt«.

III. Die Beschäftigung der Personen.

a. Bildungsgang, Wissen und Können.

Ziel und Methode der Erziehung und des Unterrichts ist in Gellerts Schwedischer Gräfin merkwürdig genug. Die Gräfin »ward vormittags als ein Mann, nachmittags als eine Frau« unterrichtet. »Sprachen und andere Pedantereien« sollte sie nicht lernen; »sie soll klug und nicht gelehrt werden«; sie ward auch »in Wirtschaftssachen gar nicht unwissend gelassen«. Ihr Erzieher lehrte sie »den wahren Wert eines Menschen kennen und an solchen Eigenschaften Geschmack gewinnen, die mehr durch einen geheimen Beifall der Vernunft und des Gewissens, als durch allgemeine Bewunderung gelohnt werden. Man glaube ja nicht, dass er eine hohe und tiefsinnige Philosophie mit mir durchging. Nicht die Weisheit, mit der wir in Gesellschaft prahlen, oder wenn es hoch kommt, unsere Ehrbegierde einige Zeit stillen, sondern die von dem Verstande in das Herz dringt, und uns gesittet, liebreich, grossmütig, gelassen und in der Stille ruhig macht«. Mein Lehrmeister, erzählt die Gräfin weiter, »brachte mir die Religion auf eine vernünftige Art bei ... er hatte die Geschicklichkeit, mir alle diese Wahrheiten nicht sowohl in das Gedächtnis, als in den Verstand zu prägen ... ich durfte meinem Vetter nichts aufs Wort glauben, ja er befahl mir in Dingen, die noch über meinen Verstand waren, so lange zu zweifeln, bis ich mehr Einsicht bekommen würde«. Nebenbei hören wir auch, dass die Gräfin Klavier spielte und sang. Mit dem Grafen zusammen las sie die schöne Bibliothek, die jener auf Reisen gesammelt hatte, und »die teils historisch, teils witzig, teils moralisch war«. Die Erziehung des Grafen war von dessen Vater geleitet worden, der seinen Sohn »von Jugend auf mit einer besondern Art erzog, die in mancherlei Stücken ausschweifend vorkommen dürfte«. Sein Sohn musste »in ihm nicht sowohl seinen Vater als seinen Freund lieben und ehren«. »Er durfte ihn nicht fürchten als wenn er ihm etwas verschwieg«. In Herrn R. ward ihm ein Hauslehrer bestellt, und was dessen »Unterricht nicht that, das richtete sein Exempel aus«. Herr R., der in seinen Mussestunden ein Buch schrieb: »der standhafte Weise im Unglück«, erzog auch den jungen Carlson, er »unterrichtete den jungen Mann in den Sprachen und Künsten und brachte ihm die edelsten Meinungen von der Religion und Tugend bei«. Die Gräfin »redete jeden Tag gemeiniglich eine Stunde mit ihm und suchte ihm das Wohlanständige beizubringen, das junge Mannspersonen oft am ersten von einem Frauenzimmer lernen können«. »Ich suchte«, erzählt die Gräfin, »sein flüchtiges, feuriges Wesen der Jugend durch meine Ernsthaftigkeit zu mässigen. Ich that stets fremd gegen ihn, und stellte verschiedene Personen vor, damit er meinen Umgang nicht zu gewöhnt werden, und in meiner Gesellschaft immer etwas Neues finden sollte«. Florentine »war mehr unter Mannspersonen als unter ihrem Geschlecht aufgewachsen, was ich stets für ein Glück bei einem Frauenzimmer halte. Denn wenn es wahr ist, dass Mannspersonen in dem Umgang mit uns artig und manierlich werden: so ist es ebenfalls wahr, dass wir in ihrer Gesellschaft klug und gesetzt werden«. »Französisch, Zeichnen, Sticken und auch Singen« bildeten die Fächer, in denen sie unterrichtet wurde«. Unterhaltung und Lektüre gelten in dem ganzen Roman für die edelste Beschäftigung des Menschen. »Wenn wir unser Herz ausgeredet hatten, so las ich ihm etwas vor, und wenn ich ihm nicht mehr lesen konnte, so that er es. Diese glückliche Beschäftigung mit dem Geiste der Skribenten nahm uns den grössten Teil des Tages fort«, so erzählt die Gräfin von ihrer Ehe und beschreibt damit zugleich den Beschäftigungskreis fast aller Personen des Romans.

Die Erziehung, die der Held der »verwirrten und bedenklichen« Geschichten genoss, bestand in Unterweisungen, an denen keine Kosten gespart waren, »und die Mutter gab uns täglich die besten Lehren, wobei sie uns die Tugend anpries und das Laster verabscheuungswürdig hinstellte«.

Ein breiterer Raum ist in Rosaliens freundschaftlichen Frauenzimmerbriefen den Ansichten über Erziehung und Bildung eingeräumt. So spricht sich Rosalie über ihre Ideen von Erziehung aus: »ich wünschte wirklich, dass die Idee von Belohnung bei der Kinderzucht mehr gebraucht werden möge, als die von Strafe, weil dabei der Geber und die Zusehenden zugleich als Zeugen unseres Wohlverhaltens erscheinen, als solche geliebt werden, und natürlicherweise die Begierde entsteht, ihnen immer gefällig zu sein; so wie man im Gegenteil die Zeugen seiner Fehler und Strafen hasst, und, aus Begierde, sich zu rächen, die Fehler behält, die den Vorgesetzten und anderen das meiste Missvergnügen geben«. An einer anderen Stelle wird darauf hingewiesen, dass »bei der Erziehung der Knaben die Kenntnis der physikalischen Welt niemals verabsäumt werden solle«. Bei Rosalie selbst wird wieder besonders die Sprachkenntnis hervorgehoben; Rosalie hatte sich bemüht, »Kenntnisse und Empfindungen in einem reicheren Masse zu sammeln, damit sie neben dem ermüdenden Genusse der Schönheit, durch Talente ihren Geist zu befriedigen und beschäftigen vermöchte«. Herr von O. hatte angestrebt, »Seele, Geist und Herz gleichmässig vollkommen auszubilden«. Arundel »musste unter dem Druck einer harten, widersinnigen Erziehung, die die Empfindsamkeit seines Herzens für jede Schönheit und Tugend und den aufkeimenden Scharfsinn seines Geistes für das Edle und Grosse der Wissenschaften ganz im Verborgenen nähren und erhalten, weil er Niemanden um sich sah, der als liebreicher, geschickter Anleiter, oder als Gefährte den schönen Pfad der Kenntnisse mit ihm in die Höhe steigen wollte. Aber mit desto festeren Schritten ging er allein. Ohne feste Stütze war er umsomehr verbunden, seine eigenen Kräfte hervorzusuchen, zu üben und zu gebrauchen; ein Nutzen, der ihm alles Leiden

seiner Jugendjahre zum segenvollen Andenken machte; weil er
überzeugt ist, von einer fremden Hand wäre der Funken seines
Genies entweder erstickt, oder in einem wilden Feuer getrieben
worden. Mit der Ruhe der Sanftmut und des gelassenen Leidens
in den Mienen wuchs er auf. Die moralischen Triebfedern seiner
Seele halfen seinem Körper das reine Ebenmass der edlen Männer-
gestalt erreichen; Kenntnis und Gefühl des sittlich Schönen gab
ihm das feine Auge für das Schöne der Natur und Kunst; eine
mit Nachdenken gemachte Reise durch Frankreich und Italien
befestigte seinen Geschmack am Edlen und Grossen, deren Kennzeichen er überall ausfindig machte, sie mochten in einer Geistes-
arbeit des Gelehrten, in der von der Hand des Künstlers, oder in
den tiefen Falten einer Seele liegen. Sein Vater hatte ihn einer
sehr trockenen Amtsbeschäftigung überliefert, und er, folgsam für
das Leitband der Pflicht, hatte es ohne Widerstreben angenommen;
aber sein Geist und Herz litten viel dabei, er wurde melancholisch.
Im Verborgenen ausgeübte Wohlthaten versüssten allein seine ihm
bitter werdenden Tage«.

Das Ziel der Erziehung im Jung Stilling spricht Eberhard
kurz dahin aus: »ich hab' meinen Kindern durch meine Unter-
weisung und Leben einen so grossen Abscheu gegen das Böse eingepflanzt, dass ich mich nicht mehr zu fürchten brauche«. Johannes
Stilling bewährte schon früh seine physikalischen Neigungen: »schon
in seiner frühesten Jugend hatte er einen hölzernen Teller zum
Astrolabium und eine feine, schöne Butterdose von schönem
Buchenholz zum Kompass umgeschaffen und von einem Hügel
aus geometrische Observationen angestellt«. »Beten, Lesen,
Schreiben« war Henrich Stillings Beschäftigung. Um 7 Uhr
musste er aufstehen, ein Dankgebet sprechen, sich gut waschen,
abermals beten, dann frühstückte er, »nun musste er ein kleines
Stück im Katechismus lesen und vor und nach auswendig lernen;
auch war ihm erlaubt, alte anmutige und einem Kinde be-
greifliche Geschichten, teils geistlichen teils weltlichen Inhalts, zu
lesen .... Wilhelm erlaubte niemals dem Knaben mit anderen
Kindern zu spielen, sondern er hielt ihn so eingezogen, dass er
im siebenten Jahre noch keines Nachbarn Kind, wohl aber eine
ganze Reihe schöner Bücher kannte. Daher kam es denn, dass
seine Seele anfing, sich mit dem Idealen zu beschäftigen, seine Einbildungskraft ward erhöht, weil sie keine anderen Gegenstände
bekam, als idealische Personen und Handlungen«. Am Nach-
mittag von 2 bis 3 Uhr liess sein Vater Wilhelm ihn in

dem Baumhof am Geisenberg spazieren. Henrichs Phantasie schuf »diese Gegend zu lauter idealischen Landschaften« um. »Da war eine ägyptische Wüste, in welcher er einen Strauch zur Höhle umbildete, in welche er sich verbarg und den heiligen Antonius vorstellte, betete auch wohl in diesem Enthusiasmus recht herzlich. In einer andern Gegend war der Brunnen der Melusine ... nach diesen Orten wallfahrte er täglich, sein Geist floss über, er stammelte Reime und hatte dichterische Einfälle«. »Wilhelm war sehr scharf. Die mindeste Übertretung bestrafte er aufs schärfste mit der Rute, daher kam eine gewisse Schüchternheit in Henrichs Seele«, und aus Furcht vor Strafe begann der Knabe sich im Lügen und Verstellen zu üben. Auch sein Grossvater bekümmerte sich um seine Erziehung, er sang ihm Kinderliedchen vor und »wusste alle Augenblick eine neue Beschäftigung für den Kleinen, die immer so beschaffen war, dass sie seinem Alter angemessen, d. i. ihm begreiflich war, doch immer so, dass immer dasjenige, was dem Menschen ehrwürdig sein muss, nicht allein nicht verkleinert, sondern gleichsam im Vorbeigehen gross und schön vorgestellt wurde«. Dann kam die Zeit, in der Henrich abwechselnd die lateinische Schule und die Schneiderwerkstatt besuchte, wo er die lateinische Schule aufgeben und sich ganz dem Schneiderhandwerk widmen musste; nun ward er bald Schneider, bald Dorfschullehrer, bald Wunderdoktor, bis er endlich, durch keinerlei Entbehrungen und Misserfolge abgeschreckt, in Strassburg die Universität bezog: »alles, was er hörte, verschlang er, schrieb aber weder Kollegia noch sonst etwas ab, sondern trug alles zusammen in allgemeine Begriffe über. Selig ist der Mann, der diese Methode wohl zu üben weiss«. Über den Bildungsgang seiner späteren Frau, der Christine Friedenburg, erzählt Henrich: »ihre ganze Beschäftigung hatte von Jugend auf in anständigen Hausgeschäften und dem nötigen Unterricht in der christlichen Religion nach dem evangelisch-lutherischen Bekenntnis und im Lesen und Schreiben bestanden; mit einem Wort, sie war ein niedliches, artiges, junges Mädchen, die eben nirgends in der Welt gewesen war, um nach der Mode leben zu können, deren gutes Herz aber alle diese, einem rechtschaffenen Mann unbedeutenden Kleinigkeiten reichlich ersetzte«.

Siegwart, auf einem Dorf in Schwaben an der Donau geboren, war nicht von vornherein für das Klosterleben bestimmt: aus seinen Anlagen schloss sein Vater, »dass er wohl am besten zum Jäger oder Soldaten taugen möge .... daher drang er nicht zu sehr in ihn, die eigentlichen Wissenschaften zu lernen. Er suchte nur seine Anlage zum rechtschaffenen Mann zu entwickeln und durch gute moralische Grundsätze noch mehr zu befestigen«. Als dreizehnjähriger Knabe begleitete er seinen Vater in das Kloster der Kapuziner, deren Lebensweise auf ihn einen so starken Eindruck macht, dass er fortan selbst in das Kloster einzutreten wünscht. In Salome ist das Weltkind geschildert, das so oft in den Gelassenheits-Romanen als bête noire dem braven Landmädchen gegenübergestellt wird: »sie konnte nichts, als sich und ihre Kleider im Spiegel begaffen, sich frisieren, zwo französische Arien singen, die sie nicht verstand, aufs Land und Landleben schimpfen, spötteln, wenn man von der Stadt sprach, und endlich die Nase zu rümpfen«.

Im Sebaldus Nothancker ist der Bildungsgang des Buchhändler Hieronymus interessant. »Dieser Buchhändler hatte in seiner Jugend einige Schulstudien gehabt und hatte dadurch vor verschiedenen seiner Handlungsgenossen den Vorzug erlangt, die Titel der Bücher, welche er verkaufte, ganz zu verstehen. Er hatte in verschiedenen ansehnlichen Buchhandlungen in Holland und Frankreich und Italien als Handlungsdiener gestanden. Er hatte dabei nicht allein sein eigenes Gewerbe in einem viel grösseren Umfange eingesehen, sondern er hatte auch Städte und Sitten der Menschen kennen gelernt«. Dieser grössere Gesichtskreis, den er sich erworben hatte, machte ihn zum Freund aller Gebildeten des kleinen Fürstentums. Bisher hatte es noch kein Buchhändler wagen können, in dem kleinen Ländchen Geistesnahrung anzubieten, da man kaum für die leibliche Nahrung genug Geld hatte. Da kam Hieronymus auf den Einfall, seine Bücher statt gegen baares Geld gegen Cerealien zu verkaufen, die er dann exportierte; und so war er zu gleicher Zeit Buchhändler und Produktenhändler des Fürstentums geworden.

In der Geschichte des Herrn Oheim macht sich auch an dieser Stelle eine Rousseausche Polemik gegen das Stadtleben geltend. Oheim machte in seinem zwölften Jahre bereits lateinische Verse, »wusste aber nicht Körbel von Petersilie zu unterscheiden«. Er lernte in der Schule »nach altem klassischen Stil«, studierte ebenso auf der Universität und kam an den Hof als Sekretär, ward geheimer Referendar und schwang sich zu den höchsten Vertrauensstellen auf. In den Ferien befand er sich auf dem Lande zwar sehr wohl, er sah aber nur das Oberflächliche; erst als er die Stadt verlassen und mit allen seinen früheren Verhältnissen gebrochen hatte, lernte er die veredelnde Kraft des Landlebens kennen.

Das vornehmste Bildungsmittel, das Demokrit zur Bildung seines Verstandes und seiner Seele aufsucht, ist das Reisen: »er ging seinen Weg fort und brachte viele Jahre mit gelehrten Reisen durch alle festen Länder und Inseln zu, die man damals bereisen konnte ... er reiste, um Natur und Kunst in allen ihren Wirkungen und Ursachen, den Menschen in seiner Nacktheit und in allen seinen Einkleidungen und Verkleidungen, roh und bearbeitet, bemalt und unbemalt, ganz und verstümmelt, und die übrigen Dinge in allen ihren Beziehungen auf den Menschen kennen zu lernen. In seine Heimat zurückgekehrt, benutzte er die meiste Zeit seiner einsamen Ruhe zur Erforschung der Natur und zu philosophischen Betrachtungen«.

Allwill »war als Knabe von seinem dritten Jahr nie heil gewesen, hatte immer ein paar Beulen am Kopfe und Wunden überall gehabt. Man wird nicht müde, den guten Major von den seltsamen Streichen des Knaben erzählen zu hören; und wie er selbst und die Herren Präceptoren ihn eben für kein Kind guter Hoffnungen gehalten hätten, weil er bei aller seiner Lebhaftigkeit im Studieren doch sehr träge, und bei aller seiner Gutherzigkeit äusserst hartnäckig, ausgelassen und trotzig gewesen wäre. Für etwas schwach am Geist hielt man ihn, weil seine Kameraden ihn beständig überlisteten, ohne Mühe ihn zu allem beredeten und ihn die Zeche überall bezahlen liessen«. »Er war bei all seiner Unbändigkeit nicht wild, sondern zur Stille, zum vertraulichen Leben geneigt; wie er bei seiner heftigen Begierde nach sinnlicher Lust, bei seiner Unbesonnenheit im Handeln doch immer grübelte und mit ganzer Seele an unsichtbaren Gegenständen hielt, wie er im vierzehnten Jahre ein Pietist geworden ...«

Dass wir in Wilhelm Meister über den Bildungsgang der Personen, namentlich über den Wilhelms, mit eingehendster Ausführlichkeit unterrichtet werden, ist natürlich, da ja der Teil des Romans, mit dem wir uns hier zu beschäftigen haben, schon durch den Titel »Lehrjahre« darauf hinweist, dass wir es mit einem Bildungsroman zu thun haben.

Auf seine körperliche Ausbildung legt Wilhelm schon früh besonderes Gewicht. Als Kind führt er Soldatenspiele auf, »und ein geheimer Instinct liess mich nicht ruhen, bis ich unsre Miliz in's Antike umgeschaffen hatte«. Frühzeitig hatte er bei einem deutschen Fechtmeister Unterricht, später rechtfertigte er seinen Aufenthalt bei Philine, Laërtes und Mignon »bei sich selbst durch eine fleissige Übung in der Fecht- und Tanzkunst, wozu er so leicht nicht wieder Gelegenheit zu finden glaubte«. Schon früh erhielt er Unterricht in Sprachen und in der Handelswissenschaft und ward »zum Nachbar auf das Komptoir gethan«; »seine Leichtigkeit, fast in allen lebenden Sprachen Korrespondenzen zu führen«, kommt ihm dabei sehr zu statten. Seine dichterischen Versuche reichen in frühe Zeit, aber nachdem er auf Mariane verzichtet, hielt er sich nicht mehr für einen Dichter. Er verbrannte seine Manuskripte und widmete sich eifriger seinen Kaufmannspflichten: »ich gebe einen Beweis, dass es mir ernst sei, ein Handwerk aufzugeben, wozu ich nicht geboren ward«. Die Ergebnisse seines Aufenthalts bei der Wandertruppe fasst Wilhelm in folgendem Resümé zusammen: »es ward ihm deutlich, wie er letzt in ein unbestimmtes Schlendern gerathen war, in welchem er nur noch schlürfend kostete, was er sonst mit vollen Zügen eingesogen hatte ... es war nicht genug, dass er durch seine Freundschaft zu Laërtes, durch seine Neigung zu Philinen, durch seinen Antheil an Mignon, länger als billig in einem Orte und in einer Gesellschaft festgehalten wurde, in welcher er seine Lieblingsneigungen hegen, gleichsam verstohlen seine Wünsche befriedigen, und, ohne sich einen Zweck vorzusetzen, seinen alten Träumen nachschleichen konnte«. Bald aber fühlt er sich wieder auf das praktische Leben hingewiesen: »er erkundigte sich nach seinem Vermögen, und es schien ihm nunmehr sonderbar, dass er so lange sich nicht darum bekümmert hatte. Er wusste nicht, dass es die Art aller der Menschen sey, denen an ihrer innern Bildung viel gelegen ist, dass sie die äusseren Verhältnisse ganz und gar vernachlässigen«. Wilhelms Ausbildung durch das Theaterspielen beginnt schon in frühester Kindheit: »wir übten unser Gedächtniss und unsern Körper, und erlangten mehr Geschmeidigkeit im Sprechen und Betragen, als man sonst in so frühen Jahren gewinnen kann. Für mich aber war jene Zeit besonders Epoche, mein Geist richtete sich ganz nach dem Theater, und ich fand kein grösser Glück, als Schauspiele zu lesen, zu schreiben und zu spielen«. Später glaubte er, dass das Schicksal ihm durch Mariane die Hand reichte, sich aus dem verhassten bürgerlichen Leben herauszureissen und sich dem Theater zu widmen. »Seine Bestimmung zum Theater war ihm nunmehr klar«. »Er überzeugte sich, dass er nur auf dem Theater die Bildung, die er sich zu geben wünschte, vollenden könne». »Im Schauspiel und in dem Umgange mit Serlo und Aurelien fand er die grösste Zufriedenheit, und seine Ideen, die nur zu lange sich in einem Kreise herumgedreht hatten, breiteten sich täglich weiter aus«. Später aber hat sich seine Ansicht vom Theater wesentlich geändert. Länger als billig sei er in der Gesellschaft jener Schauspieler gewesen; »denn leider, wenn ich an jene Zeit zurückdenke, die ich mit ihnen zugebracht habe, so glaube ich in ein unendliches Leere zu sehen«. In einem Brief an Werner entdeckt Wilhelm die Ansichten und Absichten seines Lebensganges: »ich habe, seit ich dich verlassen, durch Leibesübung viel gewonnen; ich habe viel von meiner gewöhnlichen Verlegenheit abgelegt und stelle mich so ziemlich dar. Ebenso habe ich meine Sprache und Stimme ausgebildet, und ich darf ohne Eitelkeit sagen, dass ich in Gesellschaften nicht missfalle. Nun läugne ich dir nicht, dass mein Trieb täglich unüberwindlicher wird, eine öffentliche Person zu seyn und in einem weitern Kreise zu gefallen und zu wirken. Dazu kommt meine Neigung zur Dichtkunst und zu allem, was mit ihr in Verbindung steht, und das Bedürfniss, meinen Geist und Geschmack auszubilden, damit ich nach und nach, auch bei dem Genuss, den ich nicht entbehren kann, nur das Gute wirklich für gut und das Schöne für schön halte«. »Ich habe nun einmal gerade zu jener harmonischen Ausbildung meiner Natur, die mir meine Geburt versagt, eine unwiderstehliche Neigung«. »Dass ich dir's mit Einem Worte sage: mich selbst, ganz wie ich da bin, auszubilden, das war dunkel von Jugend auf mein Wunsch und meine Absicht«.

Das Erziehungsprinzip des alten Meisters wird an zwei Stellen erwähnt: »man müsse den Kindern nicht merken lassen, wie lieb man sie habe, sie griffen immer zu weit um sich«; er meinte, »man müsse bei ihren Freuden ernst erscheinen, und sie ihnen manchmal verderben, damit ihre Zufriedenheit sie nicht übermässig und nicht übermüthig mache«. Deshalb legte er auch bei dem Puppenspiel der Kinder »das Vergnügen, sein Söhnchen so fähig zu sehen, wohlbedächtig nicht an den Tag«, sondern hing sich »nach geendigtem Stück gleich an die Fehler, und sagte, es wäre recht artig gewesen, wenn nur diess oder das nicht versagt hätte«.

Laërtes, mit dem sich Wilhelm so oft im Fechten übt, »mit einer heitern glücklichen Sinnlichkeit begabt, hätte alt werden können, ohne über seinen Zustand irgend nachzudenken. Nun hat ihn aber sein Unglück das reine Gefühl der Jugend geraubt und ihm dagegen einen Blick auf die Vergänglichkeit, auf das Zerstückelte unsers Daseyns eröffnet . . . er war nicht gern allein . . . und wenn er ja zu Hause blieb, waren Reisebeschreibungen seine liebste, ja seine einzige Lectüre«.

Serlo »war, man darf sagen, auf dem Theater geboren und gesäugt. Schon als stummes Kind musste er durch seine blosse Gegenwart die Zuschauer rühren ... leider musste er den Beifall, den er an glänzenden Abenden erhielt, in den Zwischenzeiten sehr theuer bezahlen. Sein Vater, überzeugt, dass nur durch Schläge die Aufmerksamkeit der Kinder erregt und festgehalten werden könne, prügelte ihn beim Einstudieren einer jeden Rolle, zu abgemessnen Zeiten ...; er wuchs heran und zeigte ausserordentliche Fähigkeiten des Geistes und Fertigkeiten des Körpers, und dabei eine grosse Biegsamkeit, sowohl in seiner Vorstellungsart, als in seinen Handlungen und Gebärden. Seine Nachahmungsgabe überstieg allen Glauben«. Seine Schwester Aurelie hatte eine nicht minder traurige Jugend verlebt: »nach dem frühzeitigen Tode meiner Mutter bracht' ich die schönsten Jahre der Entwicklung bei einer Tante zu, die sich zum Gesetz machte, die Gesetze der Ehrbarkeit zu verachten ... was mussten wir Kinder mit dem reinen und deutlichen Blick der Unschuld uns für Begriffe von dem männlichen Geschlechte machen? wie dumpf, dringend, dreist, ungeschickt war jeder, den sie herbeireizte; wie satt, übermütig, leer und abgeschmackt dagegen, sobald er seiner Wünsche Befriedigung gefunden hatte. So lernte ich Ihr (der Männer) Geschlecht kennen«.

Theresens Element war »von der ersten Jugend an die Küche, die Vorrathskammer, die Scheunen und Böden. Die Ordnung und Reinlichkeit des Hauses schien, selbst, da ich noch spielte, mein einziger Instinkt zu seyn. Mein Vater freute sich darüber, und gab meinen kindischen Bestrebungen stufenweise die zweckmässigsten Beschäftigungen«.

»Wenn man an der Erziehung des Menschen etwas thun wolle«, dies ist das Erziehungsprinzip des Abée, »müsse man sehen, wohin seine Neigungen und Wünsche gehen. Sodann müsse man ihn in die Lage versetzen, jene sobald als möglich zu befriedigen, diese sobald als möglich zu erreichen, damit der Mensch, wenn er sich geirret habe, früh genug seinen Irrtum gewahr werde, und wenn er das getroffen hat, was für ihn passt, desto eifriger daran halte und sich desto emsiger fortbilde«. »Alles, was uns begegnet, lässt Spuren zurück, alles trägt unmerklich zu unserer Bildung bei; doch es ist gefährlich, sich davon Rechenschaft geben zu wollen. Wir werden dabei entweder stolz und lässig oder niedergeschlagen und kleinmüthig, und eins ist für die Folge so hinderlich als das andere. Das Sicherste bleibt immer, nur das nächste zu thun«.

b. Geselligkeit.

In Gellerts Schwedischer Gräfin, wie in beinahe allen Romanen des Gelassenheitsideals, wird eine rege Geselligkeit nicht als das

Kennzeichen einer edlen Seele empfunden. »Wir hatten fast Niemanden zu unserem Umgange als uns«, »sie brachten mich niemals in grosse Gesellschaften«, »wir lebten in der volkreichsten Stadt in der grössten Stille«, »wir lebten meistens einsam«, »Herr R. konnte die grossen Gesellschaften nicht leiden, weil er so viel Zwang, so viel unnatürliche Höflichkeit, und so viele Verhinderungen, frei und vernünftig zu handeln, darin antraf«.

Auch der Verfasser der verwirrten und bedenklichen Schicksale flieht die grossen Gesellschaften, »denn mein Gemüte schickte sich ohnehin zu zahlreichen Gesellschaften nicht, weil ein gross Gereusche mir jederzeit verhasst vorkam«.

In Sophiens Reise und Rosaliens Frauenzimmerbriefen werden mehrfach Gesellschaften erwähnt. Besonders merkwürdig ist der ausführliche Bericht über eine Form von Geselligkeit, die, hier zum ersten Male beschrieben, eine ungeheure Verbreitung gefunden hat. »Hier ist es Sitte«, schreibt Rosalie ihrer Freundin Mariane, »dass Männer, Frauen und junge Mädchen jedes von den anderen abgesondert ihre Gesellschaften halten. Die Frauen kommen die Woche nicht öfter als einen Tag zusammen und besuchen wechselweis ein Haus um das andere. Diese Verbindung nennen sie von langen Zeiten her einen Freundschaftskranz und den Tag der Zusammenkunft einen Kränzeltag«. »Jeden Donnerstag kommen die Kränzlerinnen mit ihrer Arbeit Nachmittags 3 Uhr artig geputzt zusammen. Sie trinken eine Tasse Coffe, aber nicht zu heiss, weil heisser Coffe der Schönheit und Reinigkeit der Gesichtsfarbe schadet. Nach diesem geben sie einige Teller mit Obst und Konfekt; von dem letztern muss allezeit etwas von der Kranzgeberin selbst gefertigt sein; ist es neu erfunden oder erlernt, so muss sie die Vorschrift mitteilen. Dann werden die Arbeiten gewiesen«. Hierauf wird der »Putz« durchgegangen, »die Unkosten, die Art der Verfertigung wird gesagt, der wohlfeilere Kaufmann wird genannt«. Rosalie kommt dann in ihrem Bericht zu dem Gesetz, das die Freundschaftskränzchen zu dem gemacht hat, was sie noch heute fast sprichwörtlich sind, zu einer Brutstätte des Klatschs, jenes gehässigsten Klatschs, der unter dem Deckmantel der Aufrichtigkeit und Wahrheitsliebe die nur schwach überzuckerte, bittere Pille darreicht. »Dann müssen sie«, so lautet das Gesetz, »nach der Reihe sagen, was sie anderswo an ihren Freundinnen loben oder aussetzen gehört, Erläuterungen geben und Alle sind gehalten Eine, Jede Alle zu vertheidigen!« Aber nicht genug damit, dass sie den Strassen- und Gesellschaftsklatsch im Kränzchen noch einmal durchklatschen dürfen, ja durchklatschen müssen, so sind sie auch verpflichtet, an einander die strengste Kritik zu üben, sich nach Kräften zu bemühen, üble Eigenschaften der Kränzel-Schwestern zu entdecken, auf Abhilfe zu dringen, sich stets gegenseitig zu ermahnen — kurz, es ist ein ausgebreiteter Spionier- und Polizeidienst in diesen Kaffee-Kränzchen vorgesehen. Aber immer noch ist bei Weitem die Tagesordnung nicht erschöpft, denn das Kränzchen besitzt eine ausgedehnte litterarische Thätigkeit. Die Teilnehmerinnen müssen nach der Reihe getreulich berichten, was sie die Woche über gelesen haben, sie müssen ihr Urteil über das Gelesene abgeben, und wenn die Übrigen die Schrift nicht auch kennen, müssen sie den Inhalt des Buches erzählen. Nach dieser berichtenden Thätigkeit wird dann ein neu erschienenes Buch vorgelesen und durchgesprochen. Endlich folgt die letzte Nummer der Tagesordnung, die der Wohlthätigkeit gewidmet ist. Jedes Mitglied ist nämlich verpflichtet, arme Mädchen in häuslichen Angelegenheiten zu unterrichten, und Donnerstags müssen die Kränzlerinnen über die Fortschritte ihrer Schülerinnen Rechenschaft ablegen. Nachdem dann noch für einen wohlthätigen Zweck gesammelt ist, schlägt es 6 Uhr und der Kränzeltag ist zu Ende.

In Sattlers Friederike und in Lottchens Reise ins Zuchthaus wird die Geselligkeit mehr oder minder verhüllt als das Reich des Satans bezeichnet.

Die Personen im Stillingschen Roman ziehen durchweg die Einsamkeit der Geselligkeit vor.

Siegwart hingegen zeigte schon von früh an ein Bedürfnis nach Gesellschaft: »die Gesellschaft seiner älteren Brüder und zweier munterer Schwestern war ihm nicht gross genug, er rief alle Bauernkinder, die an seinem Hause vorbeigingen, zu sich, und tummelte sich mit ihnen auf dem Saal herum«.

Dem Landprediger von Lenz war am wohlsten »in einer Gesellschaft, wo Taback geraucht und über gelehrte Sachen disputiert wurde«.

Werther und Lotte haben entschiedenen Hang zur Geselligkeit, »wenn diese Leidenschaft ein Fehler ist, so gestehe ich ihnen gern, ich weiss mir nichts über das Tanzen«, und wie Lotte, so tanzt auch Werther gern in Gesellschaft: »unsere jungen Leute hatten einen Ball auf dem Lande angestellt, zu dem ich mich denn auch willig finden liess«. »An einem artig besetzten Tisch mit aller Offenheit und Treuherzigkeit herumzupassen, eine Spazierfahrt, einen Tanz zur rechten Zeit anzuordnen, und dergleichen, das thut eine gute Wirkung auf mich«. An einer anderen Stelle aber heisst es: »ich habe allerlei Bekanntschaft gemacht, Gesellschaft habe ich noch keine gefunden«, »ich bin allein und freue mich meines Lebens«.

Im Waldbruder treibt eine lustige Geselligkeit ihr Spiel, auch im Zerbin und in Jacobis Romanen. Nur Sylli im Allwill ist »betrübt, dass sie in eine Gesellschaft kommen muss«. »An meiner Einsamkeit hänge ich mit Leidenschaft«.

Der Wilhelm Meister führt ja beinah eine fortgesetzte Reihe der verschiedenartigsten Geselligkeit auf.

c. Stand und Beruf.

Die allgemeinen Betrachtungen, welche sich in den Romanen über den Wert und Unterschied der Stände finden, gehören in das nächste Kapitel. Hier soll nur zur Vervollständigung der Beschreibung der Personen angegeben werden, in welchen Berufsarten sich die in den Romanen vorkommenden Personen befinden.

In der Schwedischen Gräfin ist der Adelstand reichlich vertreten, aber auch der wissenschaftlich und kaufmännisch gebildete Bürgerliche spielt eine Rolle. Der Erzieher der Gräfin ist ein Landedelmann, der in der Jugend studiert hat. Der Graf folgt seinem Vater in reichem Grundbesitz, daneben ist er ein hoher Offizier. Carlson wird zum Offizier bestimmt, Dormund, Steeley, Sidney, Remour sind Offiziere. Herr R. lebt ohne Amt, er war der Informator des Grafen gewesen. Der alte Steeley ist mit Leib und Seele Kaufmann, Wied hatte auf Wunsch seines Vaters das Studium aufgeben und Kaufmann werden müssen, Andreas ist ebenfalls Kaufmann.

In den verwirrten und bedenklichen Schicksalen spielen Maler und Kaufleute die Hauptrolle, in Sophiens Reise Adlige, Offiziere, Kaufleute, Seeleute und Geistliche. In den Frauenzimmer-Briefen sind Kaufleute, Adlige und Hofbeamte in dem Kreise Rosaliens zu finden. Offiziere und Hofbeamte sind in Sattlers Roman geschildert; Adlige, Hofbeamte, hohe Staatsdiener, Prediger und Gutsbesitzer treten in Lottchens Reise auf. Yorik schildert in seiner empfindsamen Reise fast alle Gesellschaftsklassen. Jung Stilling wächst unter Bauern und Kohlenbrennern auf. Pastoren, Schulmeister und Schneider, Ärzte und Feldmesser, Kaufleute und Professoren trifft der Held auf seinem Lebensweg. Siegwarts Vater war seit vierundzwanzig Jahren Amtmann auf dem Dorf; Kaufleute, Gutsbesitzer, Jäger und die Insassen von Klöstern kommen mit Siegwart in Berührung. Nicolai schildert vornehmlich

Prediger. Lenz hat in seinem Roman der Landprediger auch den Kaufmannsstand geschildert; Merck im Herrn Oheim beschreibt Landleute und die Hofgesellschaft. Im Waldbruder finden wir Offiziere, Hauslehrer und Kaufleute, im Zerbin ungefähr denselben Gesellschaftskreis geschildert. Jacobis Romane bewegen sich in Kaufmanns- und Gutsbesitzerkreisen. Thümmels Wilhelmine schildert den Gegensatz der Geistlichkeit und der Hofgesellschaft. Über den Stand in Wilhelm Meister über den Kaufmannsstand bei Goethe im besonderen, hat Minor gehandelt.[1]) Wir finden ausser dem Kaufmannsstand und den Schauspielern hauptsächlich Edelleute und Offiziere geschildert.

---

[1]) J. Minor: Die Anfänge des Wilhelm Meister. Goethe, Jahrbuch Bd. IX 1888. S. 163—187.

Kapitel V.

Der Ideenkreis der Romane.

Neben der Beschreibung der Personen ist es für die Richtung des Ideals, welches in einem Roman zum Ausdruck kommt, ausschlaggebend, in welchem Ideenkreis sich der Roman bewegt. Industrie und Handfertigkeit, Wissenschaft, Kunst, Natur, Religion und Sittlichkeit kommen da in Betracht.

In den »Verwirrten und bedenklichen Schicksalen« von Hilter ist über Industrie nichts bemerkt. Auch der Wissenschaft ist wenig Beachtung geschenkt, wogegen der Kunst ein grösserer Raum gegönnt ist. So werden eine Anzahl Bücher genannt, an denen der Held des Romans sich ergötzt, so hören wir, dass er in den Abendstunden in einem Buche zu lesen pflegte, das den Titel führt: »die Kunst, stets fröhlich zu sein«, dass er später einer Nonne Gottscheds »Vernünftige Tadlerinnen« und »die Merkmale der Tugenden und Laster« sendet, dass er in einer Kiste auf der verlassenen Pestinsel »eine Bibel, ein Gesang- und zwei Gebetbücher, zwei Postillen von Meyern und Schmolcken ingleichen fünf historische« findet. Auch für Symbolik hat der Roman Sinn. Gleich anfangs empfängt der Held von einer mysteriösen Persönlichkeit als Geschenk eine Schnupftabacksdose, auf der ein verschleiertes Frauenbild und die Inschrift zu sehen ist: »liebe mich, nur trau mir nicht«; ein Goldstück, das einen Altar zeigt, auf dem ein Herz brennt, mit der Aufschrift: »liebe mich redlich, nur verschwiegen«, dessen andere Seite ein in Wellen kämpfendes Schiff darstellt mit der Devise: »wahre Liebe lohnt oft in der Ferne«, ferner eine Uhr mit der Aufschrift: »traue Gott und sei ruhig«, und: »die Liebe macht Unruhe. Sie wagt Alles und siegt«. Die weiteren Schicksale des Helden bewahrheiten diese Sinnsprüche. Für Musik zeigen fast alle Personen des Romanes Sinn und die Malerei bildet den Lebensberuf des Helden. Die Äusserungen über Religion zeigen einen ziemlich schroff ausgeprägten lutherischen Standpunkt, ja dem Helden gelingt es sogar, eine Bekehrung zu veranlassen: »Henriette diente einem fremden, mir unbekannten Gott. Ich eröffnete ihr meine Meinung liebreich und sie hörte mir willig zu, fragte mich auch endlich: ob man denn nicht in allen Religionen könne selig werden? Der Himmel verlieh mir Weisheit und Kräfte, ihr zu beweisen, dass solches unmöglich zu hoffen sei«. Ein wenig toleranter zeigt sich der Roman in Bezug auf Sittlichkeit. Es wird zugegeben, dass auch einer aus der verachteten Klasse der Matrosen edel und gross denken könne. Die allgemeine, sittliche Tendenz des Romans läuft in eine Bestrafung des Lasters und Belohnung der Tugend aus.

Der Ideenkreis in Gellerts Schwedischer Gräfin beschränkt sich im Wesentlichen auf Religion und Moral. Wissenschaft und Kunst wird nur insofern erwähnt, als fast alle Frauen musikalisch und beinah alle Personen litteraturfreundlich geschildert sind. Die Religion des Romans ist eine Vernunftsreligion mit moralisch-praktischen Tendenzen. Bei dem Abschnitt »Bildungsgang« sahen wir das schon deutlich bei der Erziehung der Gräfin, die als Kind nur das glauben sollte, was sie verstand »und auch gewiss glaubte, dass die Religion, wenn sie nur vernünftig und gründlich beigebracht wird, unsern Verstand ebenso vortrefflich aufklären kann, als sie unser Herz verbessert«. Der protestantische Standpunkt des Verfassers kommt nur in einem Punkte zum Vorschein, in der unverhüllten Freude, mit der er Marianens Flucht aus dem Kloster begrüsst. Eine wie bedeutende Rolle der Roman der Religion zuweist, beweisen folgende Aussprüche: »es ist gewiss, dass der Beistand der Religion in Unglücksfällen eine unglaubliche Kraft hat. Man nehme nur den Unglücklichen die Hoffnung auf eine bessere Welt, so weiss ich nicht, womit sie sich aufrichten sollten«. »Wir richteten uns bei allen unseren Klagen mit der Wahrheit auf, dass ein gütiger und weiser Gott diese Schicksale über uns verhängt habe«. Der Selbstmord stellt die Seligkeit in Frage, Tanzen und ähnliche Lustbarkeiten werden nicht als Sünde empfunden. Zur Kirche geht man selten, kirchliche Zeremonien werden kurz und, von orthodoxem Standpunkte aus, ziemlich weltlich behandelt; gebetet wird sehr viel. Ebenso praktische Tendenzen wie die Religion verfolgt die Moral, und wo Moral gegen Religion abgewogen wird, muss die Religion zurückstehen: die Schmeichler seien schlimmer als die Ketzer und Freigeister, weil sie der Wahrheit und den Sitten der Menschen mehr Abbruch thäten; aber neben aller Beachtung der Moral: »haben wir alle die Pflicht, uns das Leben so angenehm als möglich zu machen«. Jede Schärfe der Moral wird durch eine alle Grenzen überschreitende Toleranz, die vor keinem Verbrechen halt macht, völlig vernichtet. Eine Geschwister-Ehe wird verteidigt, einem Mörder wird verziehen, weil die allgemeine Menschenliebe uns zu Mitleid verbindet. Als die Gräfin zum zweiten Mal mit dem Grafen verheiratet ist, glaubt sie, schwach genug zu sein, Herrn R., der in der Zwischenzeit ihr Gatte war, wieder anzugehören, wenn er der vorigen Zeit gedacht hätte. Der Vater des Grafen giebt seinem Sohn eine Maitresse mit auf die Reise; mit 10000 Thalern glaubt er der verlorenen Ehre des Mädchens genug gethan zu haben. Das Mädchen selbst aber glaubt, da sie sich ihm »in der Hoffnung der Ehe hingegeben habe, bei all' ihrer Zärtlichkeit nie ihre Tugend aufgeopfert zu haben«. Von der Tugend heisst es, dass sie »nicht als eine beschwerliche Bürde, sondern als eine angenehme Gefährtin« betrachtet werden soll. In Glaubens- und Standesangelegenheiten zeigt sich der Verfasser tolerant; ein Jude wird als ein äusserst ehrenwerter Mensch geschildert, von einem Kosackenpaar werden edle Züge erzählt. Herr R. ruft aus: »wer sich schämt, einen Menschen vernünftig und tugendhaft zu machen, weil er gering ist, der verdient nicht, ein Mensch zu sein«. »Entschuldigen sie sich nicht mit ihrem Stand«, so ermutigt die Gräfin den bürgerlichen Herrn R., um ihre Hand zu werben, »was geht die Vernünftigen die Ungleichheit des Standes an?« Aber dieselbe Gräfin sagt im Hinblick auf die frühere Maitresse des Grafen: »ich sah beinahe keinen Vorzug, den ich vor ihr hatte, als dass ich adlig geboren war«.

In Sophiens Reise wird häufig auf Litteratur und Poesie Bezug genommen. Werke von Gellert und Ramler, Grandison, Miss Ridulph, der Graf P., Rousseaus Oden, Doddridge und Young werden von verschiedenen Personen mit Ehrfurcht und Entzücken genannt. Klavier können die meisten Personen spielen, die Kunst des Gesanges wird besonders gerühmt, und Graun und Hasse sind die Komponisten, die mit schwärmerischem Entzücken gefeiert werden. Ein einziges Mal ist von der Schönheit der Natur die Rede; Sophie erfreut sich eines prächtigen Sonnenaufgangs und bereut, dieses herrliche Schauspiel so oft versäumt zu haben. In der Religion werden viele Streitpunkte erörtert und viele Kapitel der Dogmatik abgehandelt. Im Ganzen ist auch hier bei der religiösen Auffassung eine gewisse Toleranz bemerkbar, aber ungläubige Christen sind stets zugleich moralische Schurken. Gesungen und gebetet wird hier noch mehr als in der Schwedischen Gräfin. Wohlthun nimmt in dem Moralkodex des Romans einen grossen Raum ein; im Ganzen aber erscheint die Moral als ein äusserliches Accidenz der Erziehung. Auch in diesem Roman spielt ein Jude die Rolle eines edlen, uneigennützigen Menschen. Aber die Toleranz erstreckt sich nicht auch auf die Stände. Als ein adliges junges Mädchen der Sophie ihre Freundschaft anbietet, nimmt Sophie das Anerbieten nicht an: »so dachte ich, ich bin nur ein bürgerliches Mädchen, eine Gnädige kann also nur meine Gönnerin, aber nicht meine Freundin sein«. Und es ist keine Frage, dass Hermes dadurch das Interesse und die Achtung für die Titelheldin mehren wollte, dass er es am Schluss des Romans ans Licht kommen lässt, dass Sophie adliger Abstammung ist.

In Rosaliens freundschaftlichen Frauenzimmerbriefen werden Hume und Grays Elegien genannt. Musikalische Ausbildung gehört zur guten Erziehung. Der Geschmack für Malerei ist entwickelt; in welcher Richtung, das zeigt folgender Satz: »in Italien liess Emma die ganze edle Figur ihres Arundels malen, wie er unter zertrümmerten Stätten der grössten Baukunst die feingearbeiteten Cypressengewinde eines Aschenkrugs mit dem tiefen Gefühl der Vergänglichkeit betrachtet«. Für die symbolisierende Kunstrichtung ist es auch bezeichnend, wie Henriette, die Vertreterin der Entsagungstheorie, gemalt ist; »in himmelblauer Kleidung, mit einer Hand einen Schleier von weissem Flor über sich ziehend«. Der Natursinn ist auch hier noch nicht besonders ausgeprägt. Freude an reiner Luft, an Gesang der Lerchen, an dem majestätischen Gebirge wird zwar erwähnt, aber nicht der Naturschönheit selbst willen, sondern als günstiger Aufenthalt für ein träumerisches Gemüt. Im Gegensatz zum Gellertschen Roman ist hier die Religion nicht Sache der Vernunft oder des Verstandes, sondern des Herzens. Die Sittlichkeit läuft auf zwei Hauptpunkte heraus: Pflichterfüllung im angewiesenen Kreise und Wohlthätigkeit, die sich bei der Sophie La Roche zu Summen von geradezu Schwindel erregender Höhe versteigt. Der Standesunterschied zwischen Adel und Bürgerthum wird auch hier schroff empfunden, aber eine gewisse Hinneigung zur Unschuld der ländlichen Bevölkerung macht sich in dem Roman geltend.

Die Personen in Sattlers Friederike zeichnen sich durch Kenntnis der Litteratur aus. Es fehlt sogar nicht an polemischen Ausfällen; so sagt der Verfasser einmal von Luise: »ihre Gebärde war so verstellt, als wenn sie Hudemanns Luzifer gelesen hätte«. Homer wird erwähnt, Fritzchen las Cronegks Gedichte, Luise

Gessners Idyllen, Wacker zitiert den Wachtmeister Werner, übrigens falsch, Karl erklärt den Musarion für sein Lieblingsgedicht, citiert den Yorik, Personen aus Sophiens Reise, den Don Quixote, Youngs Nachtgedanken und den Shakespeare. Wilhelm hat den Richardson gelesen und auch Maria Lied beruft sich auf den Grandison. Von Malern wird Zeuxis erwähnt und Oeser. Friederike zeichnet sich durch ihr Klavierspiel aus. Wilhelm erfreut sich an einem heiteren Morgen an der schönen Natur: »es war ein reizendes Thal, durch dessen blumigte Wiesen sich ein von Erlenbüschen beschatteter Bach gegen einige im Hintergrunde aus einem niedrigen Gebüsch hervorwachsende Gebäude hinschlängelte«. Die Ansichten über Religion sind ziemlich frei. So wird auf Wunsch des wackeren Rittmeisters die Ehe seiner Tochter vor der priesterlichen Bestätigung vollzogen, und Wacker meint: »dem lieben Gott wird es nicht zuwider sein«. Gering aber wird die Religion nicht angeschlagen, denn das ganze Unglück der Maria Lied wird davon hergeleitet, dass sie ihren Gott vergessen hat. Die Sittlichkeit wird sehr hoch gestellt. Menschenliebe und Liebe gegen alle Geschöpfe Gottes gilt als erster moralischer Satz; aber sie erstreckt sich nicht so weit wie bei Gellert; im Gegentheil, von einem Mädchen, das seine Ehre verloren hat, heisst es: »ein Frauenzimmer, das sich durch eigene Schuld unglücklich gemacht hat, kann auf unser Mitleid keinen Anspruch machen; es ist blosse Grossmut, wenn wir ihr dasselbe schenken«. Ein halb ironischer Satz findet sich über den Nutzen, einen Beruf zu haben. »Hier fühlte ich zum ersten Male, wie gut es sei, in der bürgerlichen Gesellschaft einen Charakter zu haben, sollte es auch nur der Charakter eines Supernumerarius oder Nachtwächters sein. Ich wusste mir nicht anders aus der Verlegenheit zu helfen, als dass ich sagte: ich wäre ein Kosmopolit«. Von einem Weltbürger wird gesagt, »er sei ein ehrlicher Mann, der zwar weder ein öffentliches Amt hat, noch eine bürgerliche Hantierung treibt, der aber doch ohne Amt oder Gewerbe so viel zur Glückseligkeit seines Nebenmenschen beizutragen sucht, als es ihm möglich ist«.

Lottchens Reise von Kirsten ist der Wissenschaft nicht eben hold. So wird es ganz besonders gelobt, dass bei der Prüfung eines Predigtamtskandidaten auf seine wissenschaftliche Befähigung nicht die mindeste Rücksicht genommen wird, sondern dass er nur in den praktischen Fächern examiniert wird. Von wissenschaftlichen Werken wird Basedows »natürliche Weisheit« erwähnt. Von poetischen Werken wird einmal »der treffliche Haller« citiert, und es wird von Frau von Baar erzählt, dass sie ihrem Gatten in dessen 'geschäftsleeren Stunden poetische Werke vorlas. Auch in diesem Roman sind beinahe alle Personen musikalisch. In bezug auf die Religion teilen sich die Personen des Romans in zwei verschiedene Gruppen, deren eine durchaus fromm und orthodox, deren andere ebenso durchaus gottlos und kirchenfeindlich ist. Eine ebensolche Scheidung tritt in bezug auf die Moral ein. Den Gipfelpunkt erreicht die unsittliche Gruppe durch die Gründung eines Klubs, der Akademie der Hahnenreihe. Zu diesem Klub haben in der Liebe und Ehe betrogene Männer aller Berufsschichten Zutritt. Die Geschichte eines jeden Betruges wird aufgeschrieben aufbewahrt, nach der Stärke des darin herrschenden Cynismus zensiert und an den Sitzungstagen zum Vergnügen der Übrigen vorgelesen. Der Adel wird nicht hoch veranschlagt, die Mitglieder desselben werden fast ausnahmslos als roh, unwissend und gemein geschildert.

Die moralische Gruppe des Gelassenheitsideals hat also einen ziemlich beschränkten Gesichtskreis; von Industrie und Wissenschaft ist kaum die Rede, von der Kunst wird die Musik bevorzugt, der Natursinn fehlt beinahe ganz, auf die Religion wird grosses Gewicht gelegt, die Moral zeigt sich meist tolerant. Ein Prärogativ des Adels wird meist anerkannt.

In Yoriks empfindsamer Reise ist von Industrie, Wissenschaft und Kunst, von Natur und Religion wenig die Rede. Eine heitere Gläubigkeit zieht sich durch Yoriks Lebensanschauung, und eine freundliche Toleranz menschlicher Schwächen zieht sich durch seine sittlichen Anschauungen.

In Jung Stillings Lebensbeschreibung wird das Streben industrieller Bethätigung gelobt; eine Fabrik wird eingehend beschrieben, und mit Freude verzeichnet der Verfasser, wenn jemand sein Hausgerät sich selbst verfertigt. Von wissenschaftlichen Problemen erfreuen sich die mystischen der grössten Beliebtheit. Dem poetischen Bedürfnis wird fast ausschliesslich durch Volkspoesie genügt, von Romanen wird nur die asiatische Banise erwähnt, von poetischen Kunstprodukten Miltons, Youngs und Klopstocks Werke. Die Musik tritt nicht in den Vordergrund. Vom Theater ist einmal die Rede, als Stilling Weises Romeo und Julia in Strassburg sehen will. Das Naturgefühl ist entwickelter; die Gegenden, die Stilling besucht, werden häufig mit einem gewissen poetischen Aufschwung geschildert. Stillings Stellung zur Religion ist bekannt, sein Glaube besteht im wesentlichen darin, dass er ein auserwähltes, durch direkte Erweckung erleuchtetes Kind Gottes sei, dessen Gebet ohne weiteres eigenes Zuthun Hilfe, Leitung und Fürsorge des Himmels herbeirufe. Auf Grund seines Glaubens hat Stilling sich eine eigentümliche Sittlichkeit zu eigen gemacht, die es ihm erlaubt, wenn er Gottes Leitung zu fühlen glaubt, zu lügen, zu betrügen, und nur seinem materiellen Vorteil nachzugehen. In bezug auf den Stand fordert er Gleichberechtigung aller Menschen.

Im Siegwart beschränkt sich der Ideenkreis auf das Melancholische in Kunst, Natur, Religion und Sittlichkeit. Die Beschreibungen der Natur sind allerdings mehr genau als poetisch, aber beim Anblick des Mondes verfasst Siegwart Aufsätze an Gott und seine Geliebte und schreibt aus der Erinnerung melancholische Stellen aus Klopstock, Haller und Kleist auf. Das Landleben wird mit Rousseauschen Augen angesehen. Die Religion spielt eine sehr grosse Rolle; die Verurteilung des Klosterwesens ist äusserst mild. Das Ideal der Sittlichkeit ist eine reine unschuldige Seele, die das Gute will, und eine unendliche Fähigkeit zum Mitfühlen besitzt. Die Musik ist so recht eigentlich der Stab, mit dem die Thränenquellen hervorgezaubert werden. Bei einem Adagio von Schwindt, das Siegwart mit seinem Freunde spielt, heisst es: »Und nun spielten sie so schmelzend, so bebend und so wimmernd, dass ihre Seelen so weich wie Wachs wurden. Sie legten ihre Violinen nieder, sahen einander an mit Thränen in den Augen, sagten nichts, als: vortrefflich, und legten sich zu Bett«. Bei einem Triller, den Mariane singt, »schiessen ihm die Thränen in die Augen«, und als er mit Mariane dem Zwitschern einer Grasmücke lauscht, weinen sie immerfort, »halbe Stunden lang sprachen sie kein Wort«.

Es ist ja natürlich, dass der Ideenkreis der Empfindungsgruppe sich grösstenteils auf Dinge beschränkt, die durch das Gefühl erfasst werden können, dass daher die Wissenschaft in geringem Ansehen steht, Religion und Sittlichkeit aber reinste Herzenssache ohne Beimischung irgend welcher Kritik des Verstandes ist.

Nicolai erklärt von vorn herein, dass er sich nicht im hergebrachten Romangeleise »hoher Imagination, schöner Tugend und feiner Lebensart« bewegen, sondern für Gelehrte, für Philologen und Theologen schreiben wolle. Daher erstreckt sich der Ideenkreis des Romans wenig über den Kreis der dahin gehörigen Schulfragen. So ist es für den Sebaldus Nothanker sehr bezeichnend, dass das einzige Aufflackern der Naturliebe ein begeisterter Lobgesang auf die Umgebung Berlins ist. Der Prediger Sebaldus ist nicht orthodox, die religiöse und sittliche Tendenz seines Standpunkts ist mit folgenden Worten gekennzeichnet: »wir haben alles durch die göttliche Gnade. Aber die Gnade wirkt nicht wie der Keil auf den Klotz. Gott hat die Kraft zum Guten in uns gelegt. Er hat uns Verstand und Willen, Neigung und Leidenschaften gegeben. Er will, dass wir thätig sein sollen so viel Gutes zu thun, als uns möglich ist. Er hat Würde und Güte in die menschliche Natur gelegt«. Und deshalb brauche man nicht den Anschluss an eine Religionspartei, die engherzig von jedem sich abschliesse, der das Schibboleth nicht besitze, das den Eintritt zu ihr allein eröffne, deshalb könne die Nächstenliebe — der Angelpunkt der Religion — neben dem sogenannten Unglauben und der Ketzerei sehr wohl bestehen. Jeder rechtschaffene Mann verdiene verehrt zu werden, er möge seine »Gedanken vor sich selbst weglaufen lassen oder sie an irgend ein Symbolum heften wollen«. Schliesslich wird der Mittelweg, den Nicolai überall zu finden sucht, gelobt, den die holländische Sekte der Kollegianten gegangen sei.

In Mercks kleinem Roman findet sich eine weitläufige Beschreibung rationeller Landwirtschaft. Mit Genugthuung zeigt Herr Oheim seine selbstgefertigten Hausgeräte. Wissenschaft, Poesie und Kunst werden verachtet. Von der Religion hören wir nur, dass bei Tisch gebetet wird. Die moralischen Ansichten gipfeln in dem Satz: geniesse nichts als das du dir mit deiner Hände Arbeit erworben hast. Die Gleichheit aller Stände ist bei diesem Prinzip selbstverständlich.

Das, was allen Romanen des Gelassenheitsideals gemeinsam ist, besteht im Wesentlichen also in folgenden Punkten: in der Moral herrscht eine gewisse Toleranz, Wohlthätigkeit ist die vorzüglichste Bethätigung derselben, gern werden vorzügliche Menschen neben Bösewichte gestellt und gute und böse Thaten ernten meist im Roman selbst noch Lohn oder Strafe; die meisten Romane spielen sich im Mittelstand ab und nehmen auf das Familienleben Bezug; Vernunft und Empfindsamkeit treten zwar zuweilen hervor, ohne aber die Grenzen zu überschreiten, welche das Reich der Zweckmässigkeit einhegen; keine Ansicht wird mit Leidenschaft vorgetragen oder verfochten.

Das Ideal der Leidenschaft nimmt getreu seinem Programm des Rousseauschen Naturenthusiasmus gegen die Wissenschaft Partei. Am deutlichsten spricht sich das wohl im Werther aus. In einem Garten ist er angenehm berührt, dass »nicht ein wissenschaftlicher Gärtner den Plan gezeichnet«. »Ich bitte dich um Gottes willen«, schreibt Werther seinem Freund, »lass mir die Bücher vom Halse. Ich will nicht mehr geleitet, ermuntert, angefeuert seyn. Ich brauche

Wiegengesang, und den habe ich in seiner Fülle gefunden in meinem Homer«. »Der Fürst fühlt in der Kunst, und würde noch stärker fühlen, wenn er nicht durch das garstige wissenschaftliche Wesen, und durch die gewöhnliche Terminologie eingeschränkt wäre«. Die Bücher, welche Werther liebt, sind bekannt, es sind Homer, Goldsmith, Klopstock, Ossian und Emilia Galotti. Die Malerei liebt Werther, und befleissigt sich beim Zeichnen einer Richtung, die wir heutzutage naturalistisch nennen würden. Die Liebe zur Musik kommt häufig zum Durchbruch. Die Beschreibung der Natur nimmt einen breiten Raum ein. Diese Schilderungen sind zu bekannt, als dass ich nötig hätte, sie noch hier zu zitieren. Zur Religion steht Werther in einem wechselvollen Verhältnis. Beim Anschauen der Natur »fühlt er die Gegenwart des Allmächtigen, der uns nach seinem Bilde schuf, das Wesen des Allliebenden, der uns, in ewiger Wonne schwebend, trägt und erhält«. Die Zweifel seines Gemüts spricht er ein andermal aus: »ich ehre die Religion, das weisst du, ich fühle, dass sie manchem Ermatteten Stab, manchem Verschmachtenden Erquickung ist. Nur — kann sie denn, muss sie denn das einem jeden seyn? Wenn du die grosse Welt ansiehst, so siehst du Tausende, denen sie es nicht war, Tausende, denen sie es nicht seyn wird, gepredigt oder ungepredigt: und muss sie mir es denn seyn? Sagt nicht selbst der Sohn Gottes, dass die um ihn seyn würden, die ihm der Vater gegeben hat? Wenn ich ihm nun nicht gegeben bin? Wenn mich nun der Vater für sich behalten will, wie mir mein Herz sagt?« Der Selbstmord wird durch folgenden Vergleich zu entschuldigen gesucht: »und würde ein Mensch, ein Vater zürnen können, dem sein unvermuthet zurückkehrender Sohn um den Hals fiele und riefe: ich bin wieder da, mein Vater! Zürne nicht, dass ich die Wanderschaft abbreche, die ich nach deinem Willen länger aushalten sollte .... und du lieber himmlischer Vater solltest ihn von dir weisen?« Die Frage der Sittlichkeit setzt beim Werther seltener an der Beurteilung der Thatsachen, als der Motive ein. Albert aber will bei gewissen Handlungen von den Beweggründen nichts wissen, »sie bleiben lasterhaft, sie mögen geschehen, aus welchen Beweggründen sie wollen«. Gegen den Unterschied der Stände wird mehrfach geeifert: »zwar weiss ich so gut wie einer«, sagt Werther, »wie nöthig der Unterschied der Stände ist, wie viele Vortheile er mir selbst verschafft«, aber nichtsdestoweniger verachtet er das Pochen des Adels auf seine Geburt. Ein Amt ist Werther verhasst. »Ich liebe die Subordination nicht sehr«, »alles in der Welt läuft doch auf eine Lumperey hinaus, und ein Mensch, der um anderer willen, ohne dass es seine eigene Leidenschaft, sein eigenes Bedürfniss ist, sich um Geld, oder Ehre, oder sonst was arbeitet, ist immer ein Thor!« »Aktivität! Wenn nicht der mehr thut, der Kartoffeln legt und in die Stadt reitet, sein Korn zu verkaufen ...« kurz, jedes Amtsgeschäft ist ihm zuwider. Es ist ihm nichts anderes als »Erbsen- oder Linsenzählen«.

Im Waldbruder bewegen wir uns beinah in demselben Kreise. Industrie, Handfertigkeit und Wissenschaft werden in dem Roman nur gestreift, in der Dichtkunst werden Shakespeare, Rousseau, Goethe, Wieland, Klopstock, Petrarca und Terenz erwähnt. Die Naturanschauung ist romantisch, mehr grotesk als lyrisch. Von Religion ist nicht die Rede, und in Bezug auf Sittlichkeit möchte man eine bewusste Anlehnung an den Werther vermuten.

Auch in Lenzs anderem Roman, dem Zerbin, beschränken sich die religiösen Bemerkungen auf eine einzige Stelle: »glücklich das Herz, das bei allen scheinbaren Ungerechtigkeiten seines Schicksals noch immer die Hand segnen kann, die es schlägt«. In Bezug auf die Sittlichkeit nimmt die Ehe den ersten Rang des Interesses ein. »Unsere Ehe war kein Verbrechen, zwar nicht durch Priesterhand eingeweiht, aber durch unverstellt heimliche Küsse besiegelt«. Er »sah, dass bei der Ehe nichts mehr als ein Kontrakt zwischen Parteien und politischen Rücksichten« geschlossen würde; die Ehe bestehe in einer »wechselseitigen Hilfsleistung«, die Liebe in einer »vorübereilenden Grille«. Die fortzeugende Kraft der bösen That wird in dem Satz bestätigt: »aber wie der erste Schritt des Lasters, so bestreut mit Rosen er auch sein mag, immer andere nach sich zieht«, so häufte auch Zerbin auf seinen ersten Fehltritt immer neue.

In dem Jacobischen Romane wird die Wissenschaft und Industrie ziemlich übel behandelt; in der Poesie kommen Don Quixote, Sterne, Montaigne, Sophokles, Sokrates und Plato zur Erwähnung; auf Malerei wird wenig Gewicht gelegt, die Musik nimmt einen weiteren Spielraum ein. Die Naturbetrachtung ist ungemein empfindsam und sentimental. Dem Aufkeimen des Frühlings zuzuschauen, eine sonnenbeglänzte Landschaft anzublicken, den Sonnen-Auf- oder Untergang zu beobachten, sind Beschäftigungen, die jeder Berufsthätigkeit vorgehen. Jacobis Religionsstandpunkt ist bekannt, er schwankt zwischen spinozistischem Pantheismus und Hamannschem Mysticismus hin und her. Die Moral ist eine Moral des Herzens und der Liebe: »ja helle Wonne ist es, so die Menschen zu lieben; ohne Eitelkeit, ohne Ansprüche, aber mit lauter Liebe. Da geht alles so gerade und rein zum Herzen, und das Herz ist so mächtig«.

»Liebe macht uns Weiber immer unglücklich. Die Männer verdienen so wenig das Opfer unseres Daseins, dass sie nicht einmal anzunehmen wissen, was wir ihnen geben«. »Einen Anschlag auf irgend ein weibliches Geschöpf zu machen, um es zu verführen, ist von jeher so fern von mir gewesen, dass ich einen Menschen, der dazu fähig ist, nicht ohne Hass und Ekel ansehen kann. Dass aber eine freundschaftliche Verbindung so warm und innig werde, dass sie ferner kein Mass noch Ziel mehr wisse, wer könne das Herz haben, sich davor zu hüten?« »Du hattest mir Henriette zur Gattin ausersehen. Aber das sollte nicht sein. Sie war bestimmt, meinem Schicksal eine viel merkwürdigere Wendung zu geben. Das himmlische Mädchen deutete mir meinen alten Traum von Freundschaft«. Neben der Liebe und der überirdischen Liebe der Freundschaft giebt es noch andere Wege zur irdischen Glückseligkeit: »nie hatten sie so tief empfunden, dass ein unzerstreutes, gefasstes, friedliches Leben das Einzige sei, was dem Menschen recht eigentlich seine Lust an Menschen haben lasse«; »ich habe die Meinung, dass der Mensch nicht durch die Geschicklichkeit, sich mannigfaltigen Genuss zu schaffen, sondern durch die Fertigkeit im Entsagen, durch Tapferkeit, Selbständigkeit und Grossmut achtenswert wird«.

Wir finden also in den Romanen vom Leidenschaftsideal auch im Ideenkreise die Richtung ausgeprägt, mit leidenschaftlicher Liebe sich an die Natur des Menschen und der Welt anzuschliessen und die Gesetze, welche die Kultur geschaffen hat, zu zerschmettern.

Der Wilhelm Meister nimmt auch schon in seinem ersten Teil auf Industrie und namentlich auf Handfertigkeit Bezug. Wilhelm hatte schon früh »immer darin einen kleinen Vorzug vor den andern, dass er im Stande war, ihnen die nöthigen Geräthschaften schicklich auszubilden. So waren die Schwerter meistens aus seiner Fabrik, er verzierte und vergoldete die Schlitten« und richtete alles selbst zum Puppenspiel ein. So greift er auch später bei dem Theaterbau auf dem Schlosse selbst mit an, er zimmert die Bühne zurecht, »half die Perspective bestimmen, die Umrisse abschnüren, und war höchst beschäftigt, dass es nicht unschicklich werden sollte«. Ein Artillerielieutenant wird erwähnt, der »mit vielen Talenten begabt, besonders in mechanischen Arbeiten geschickt«, ein Puppentheater angefertigt hatte, das er selbst »zusammengebaut, geschnitzt und gemahlt hatte«. Der Wissenschaft steht der Wilhelm Meister weit freundlicher gegenüber, als die Romane des Leidenschaftsideals. Der jugendliche Wilhelm hat sich aus Wissenschaft und

Theorie sehr wenig gemacht. Kritik und Theorie der Dichtkunst waren ihm unbekannt; »dagegen hatte er sich desto eifriger an Beispiele gehalten, und in allen Arten, die ihm bekannt geworden waren, selbst Versuche gemacht«. »Und da er bisher die Kunstrichter sehr wenig genutzt hatte, so erneuerte sich seine Begierde nach Belehrung, als er seine Bücher wieder durchsah und fand, dass die theoretischen Schriften noch meist unaufgeschnitten waren. Er hatte sich, in der völligen Überzeugung von der Nothwendigkeit solcher Werke, viele davon angeschafft und mit dem besten Willen in keines auch nur bis in die Hälfte sich hineinlesen können«.

Wilhelms Interesse für die Poesie war zuerst durch die Lektüre alter Ritterromane im allgemeinen erregt worden, »das befreite Jerusalem, davon mir Koppens Übersetzung in die Hände fiel, gab meinen herumschweifenden Gedanken endlich eine bestimmte Richtung«. Schon mit vierzehn Jahren machte er ein grosses Gedicht, in dem die Personifikation des Handelsstandes der der Poesie entgegengesetzt wird. In der Bücherei seines Grossvaters hatte er »die deutsche Schaubühne und verschiedene Italiänisch-Deutsche Opern« gefunden, in die er sich vertiefte; seine Liebe zum Drama war dadurch entfacht; »meiner Leidenschaft, jeden Roman, den ich las, jede Geschichte, die man mich lehrte, in einem Schauspiel darzustellen, konnte selbst der unbiegsamste Stoff nicht widerstehen. Ich war völlig überzeugt, dass alles, was in der Erzählung ergetze, vorgestellt eine viel grössere Wirkung thun müsse; alles sollte vor meinen Augen, alles auf der Bühne vorgehen«. Bei seiner ersten Reise durchs Gebirge »sagte er sich Stellen aus verschiedenen Gedichten, besonders aus dem Pastor fido vor, die an diesen einsamen Plätzen schaarenweis seinem Gedächtnisse zuflossen. Auch erinnerte er sich mancher Stellen aus seinen eigenen Liedern, die er mit einer besondern Zufriedenheit recitirte«. Als er den Shakespeare durch Jarnos Vermittlung kennen gelernt hatte, »ergriff ihn der Strom jenes grossen Genius und führte ihn einem unübersehlichen Meer zu, worin er sich gar bald völlig vergass und verlor«. Und von neuem wird seine Aufmerksamkeit auf das Ritterdrama gelenkt: »Die Deutschen Ritterstücke waren damals neu und hatten die Aufmerksamkeit und Neigung des Publicums auf sich gezogen; der alte Polterer hatte eines dieser Art mitgebracht, und die Vorlesung war beschlossen worden«. Wie der vierzehnjährige Wilhelm ein allegorisches Gedicht gemacht hatte, so wird diese Poesiegattung im ganzen Roman vielfach bevorzugt. Der Graf liebt die Allegorie und eine Darstellung des Nutzens des Bergwerks im

Streit zwischen Bauer und Bergmann, allegorische ländliche Aufführungen und Aufzüge werden breit erzählt, gelobt und bewundert. Ritterdramen werden als die damalige Modelliteratur bezeichnet, Richardsons, Goldsmiths, Fieldings Romane werden als Muster aufgestellt. In der Malerei beweist sich Wilhelm als Dilettant: »der Gegenstand ist es, der mich an einem Gemählde reizt, nicht die Kunst«. Die berühmte Gemäldesammlung des Grossvaters dagegen, die eine so bedeutende Rolle im Roman spielt, zeigt den alten Meister als einen Kunstkenner von entschiedener Bedeutung. Er »war nicht bloss ein Sammler, er verstand sich auf die Kunst. Er besass treffliche Gemählde von den besten Meistern; man traute kaum seinen Augen, wenn man seine Handzeichnungen durchsah; unter seinen Marmorn waren einige unschätzbare Fragmente, von Broncen besass er eine sehr instructive Suite; so hatte er auch seine Münzen für Kunst und Geschichte zweckmässig gesammelt; seine wenigen geschnittenen Steine verdienten alles Lob«. Musikalische Begabung zeigen fast alle Personen des Romans, und gern überlässt man sich dem tiefen Eindruck der Musik. Instrumentalmusik erfreut sich geringerer Beliebtheit als Vokalmusik: »das Instrument sollte nur die Stimme begleiten; denn Melodien, Gänge und Läufe ohne Worte und Sinn scheinen mir Schmetterlingen oder schönen bunten Vögeln ähnlich zu seyn, die in der Luft vor unsern Augen herumschweben, die wir allenfalls haschen und uns zueignen möchten, da sich der Gesang dagegen wie ein Genius gen Himmel hebt, und das bessere Ich in uns ihn zu begleiten anreizt«. Ein A-capella-Quartett wird geradezu als ein Vorgeschmack der Seligkeit bezeichnet. Ausser dem Harfner und Mignon zeigten Serlo und Philine besonderes Geschick in der Musik. Dass dem Theater ein wesentlicher Teil des Romans gewidmet ist, brauche ich nicht zu erwähnen. Das Puppenspiel, die Wachsfiguren zum David und Goliath, der häufige Besuch des Theaters und die Liebe zu Mariane, die ihm gewissermassen die Verkörperung des Theaterwesens ist, folgen in Wilhelms Lebensgang unmittelbar aufeinander. Schon Wilhelms Mutter ging gern ins Theater, während der alte Meister den Besuch des Schauspiels für Zeitvergeudung hielt. Wilhelms Vorschlag, der Staat solle sich des Theaters als Mundstück nützlicher Aufklärung bedienen, hat kürzlich ein Pendant gefunden in dem neu aufgefundenen Aufsatz Goethes über die Verwertung des Theaters in neu eroberten fremdsprachlichen Provinzen. Der Musik soll im Drama eine gewisse Stelle eingeräumt werden, weil sie die Richtigkeit der Körperbewegung, der Deklamation und des Ausdrucks erleichtert, die Spieloper dagegen soll verbannt werden, »da die Neigung des Publicums dadurch noch mehr auf Abwege geleitet, und bei so einer Vermischung eines Theaters, das nicht recht Oper nicht recht Schauspiel sey, nothwendig der Überrest von Geschmack an einem bestimmten und ausführlichen Kunstwerke sich völlig verlieren müsse«. Über den Nutzen der extemporierten Komödie als Bildungsmittel der Schauspieler wird ausführlich gesprochen. Die Empfindug für Natur ist so weit zurückgegangen, dass sich, in den Lehrjahren wenigstens, kaum ein halbes Hundert Zeilen mit Naturbetrachtungen abgiebt. Verschiedene Personen wehren sich geradezu gegen die Belästigung durch enthusiastische Naturschwärmer. Einmal drückt Madame Melina ihre Freude über die Gegend aus, ein andermal ergötzt man sich an einem zigeunerartigen Lager im Freien, wo »die Schönheit der Gegend und die Freyheit des Himmels jedes Gemüth zu reinigen« schien. Einmal ist auch Wilhelms Entzücken geschildert, als er zum erstenmal in seinem Leben »überhangende Felsen, rauschende Wasserbäche, bewachsene Wände, tiefe Gründe« erblickt. Zur Religion haben die meisten Personen des Romans ein ziemlich lockeres Verhältnis. Wilhelm erzählt, dass er in seiner Kindheit in theatralisch gewähltem Gewande »sein Gebet auf dem Teppich knieend verrichtet habe«. Und fast am Schluss des Romans äussert sich Wilhelm über den Wert der kirchlichen Trauung: »es ist nur eine Formel unter uns, aber eine so schöne Formel, der Segen des Himmels zu dem Segen der Erde«. Mignon geht alle Morgen ganz früh zur Messe, wo sie in der Ecke der Kirche mit dem Rosenkranz knieend eifrig betete. Therese verwirft den Glauben an eine geoffenbarte Religion: »ich kann überhaupt nicht begreifen, wie man hat glauben können, dass Gott durch Bücher und Geschichten zu uns spreche. Wem die Welt nicht unmittelbar eröffnet, was sie für ein Verhältniss zu ihm hat, wem sein Herz nicht sagt, was er sich und anderen schuldig ist, der wird es wohl schwerlich aus Büchern ersehen, die eigentlich nur geschickt sind, unsern Irrthümern Namen zu geben«. Der Medikus macht einmal darauf aufmerksam, »dass er diejenigen Personen sehr glücklich gefunden habe, die bei einer nicht ganz herzustellenden kränklichen Anlage wahrhaft religiöse Gesinnungen bei sich zu nähren bestimmt gewesen waren«. Diese Bemerkung trifft bei der »Schönen Seele« zu, deren Bekenntnisse beinahe eine fortlaufende Schilderung einer pietistischen Glaubensentwicklung sind. Ich möchte an dieser Stelle auf die Ähnlichkeit hinweisen, welche die »Schöne Seele« mit den weiblichen Figuren Richardsons, namentlich in der ersten Hälfte ihres Lebens, besitzt. In sittlicher Beziehung sind nirgends Charaktere ganz schwarz oder ganz weiss gezeichnet. Am schlechtesten kommt Barbara fort, denn all ihre Aussprüche beweisen einen ungemischten Cynismus: »ist es denn ein so grosses Unglück, zwey Liebhaber zu besitzen? Und wenn du deine Zärtlichkeit nur dem einen schenken kannst, so sey wenigstens dankbar gegen den andern, der, nach der Art, wie er für dich sorgt, gewiss dein Freund genannt zu werden verdient«. »Liebst du den einen, so mag der andere bezahlen; es kommt nur darauf an, dass wir klug genug sind, sie beide auseinander zu halten«. »Ich wünsche dir zu deinem Sohne Glück, er soll einen reichen Vater haben«, sagt Barbara zu Mariane in dem Wunsche, dass sie die Vaterschaft des Kindes, das sie von Wilhelm unter dem Herzen trägt, dem reichen Norberg zuschieben möchte. »Wer wehrt dir in den Armen des Einen an den Andern zu denken?« So fragt Barbara die Mariane; hier finden wir vielleicht bereits einen litterarischen Hinweis auf die Wahlverwandtschaften. Sich aus Liebe vor der Verheiratung dem Geliebten hinzugeben hält Frau Melina nicht für schimpflich. Als sie die Geschichte ihrer Liebe erzählt, ruft sie aus: »sollte ich zaudern und stocken, da sie mir Ehre macht? Ja, ich habe ihn von dem Augenblick an, da ich seiner Neigung und seiner Treue gewiss war, als meinen Ehemann angesehen; ich habe ihm alles gern gegönnt, was die Liebe fordert, und was ein überzeugtes Herz nicht versagen kann«. Wilhelm hat von der Tugend einen Begriff, der von der äusserlichen Anschauung des Gelassenheitsideals wie von der überschwenglichen Überhebung des Leidenschaftsideals gleich weit entfernt ist. So sagt er einmal von der Tugend: »man muss sie um ihrer selbst lieben oder ganz aufgeben«. »Dennoch werde sie nicht anders erkannt und belohnt, als wenn man sie gleich einem gefährlichen Geheimnis im Verborgenen üben könne«. Von Erfahrung und sittlicher Reife des Standpunkts zeugt auch der Ausspruch: »man feyre nur, was glücklich vollendet ist; alle Ceremonien zu Anfang erschöpfen Lust und Kräfte, die das Streben hervorbringen und uns bei einer fortgesetzten Mühe beistehen sollen«. Philanthropische, weltbürgerliche Bestrebungen beherrschen nicht nur den Geheimbund und deren Leiter, sondern werden auch oft im Vorübergehen als wichtig und lobenswert geschildert. So wird von einer grossen Fabrik erzählt, »die viel Leute ernährt. Der Unternehmer, der so zu sagen von aller menschlichen Gesellschaft entfernt lebt, weiss seine Arbeiter im Winter nicht besser zu beschäftigen, als dass er sie veranlasst hat, Komödie zu spielen.

Er leidet keine Karten unter ihnen, und wünscht sie auch sonst von rohen Sitten abzuhalten«. Die Beschäftigung mit dem Idealen wird häufig empfohlen, so wird es sehr gelobt, dass Serlo sich und die Seinen an der Musik erhebt, wenn er vom Tagesgeschäft ermüdet und abgestumpft ist. Im Gegensatz zum Leidenschaftsideal verficht der Wilhelm Meister die Notwendigkeit des Berufs. Wilhelm hat zuerst durchaus keine Neigung, einen solchen zu wählen, und besonders ist ihm der Kaufmannsberuf zuwider: »aber eben zu selbiger Zeit (als er zum Kaufmann gebildet werden sollte) entfernte sich mein Geist nur gewaltsamer von allem, was ich für ein niedriges Geschäft halten musste. Der Bühne wollte ich meine ganze Thätigkeit widmen, auf ihr mein Glück und meine Zufriedenheit finden«. Der Kaufmannsstand erschien ihm wie eine alte Hausmutter »mit dem Rocken im Gürtel, mit Schlüsseln an der Seite, Brille auf der Nase, immer fleissig, immer in Unruhe, zänkisch und haushälterisch, kleinlich und beschwerlich!« Kümmerlich schien ihm der Zustand dessen, »der sich unter ihrer Ruthe bücken und sein knechtisches Tagewerk im Schweisse des Angesichts verdienen sollte«. Aber der Roman verfährt unparteiisch, denn Werner weiss auch die ideale Seite des Handelsstandes hervorzuheben: »ich wüsste nicht, wessen Geist ausgebreiteter wäre, ausgebreiteter seyn müsste, als der Geist eines ächten Handelsmannes. Welchen Überblick verschafft uns nicht die Ordnung, in der wir unsere Geschäfte führen! Sie lässt uns jederzeit das Ganze überschauen, ohne dass wir nötig hätten, uns durch das Einzelne verwirren zu lassen«. »Welch eine angenehme und geistreiche Sorgfalt ist es, alles was in dem Augenblicke am meisten gesucht wird und doch bald fehlt, bald schwer zu haben ist, zu kennen, jedem, was er verlangt, leicht und schnell zu verschaffen, sich vorsichtig in Vorrath zu setzen, und den Vortheil jeden Augenblicks dieser grossen Circulation zu geniessen«. »Es haben die Grossen dieser Welt sich der Erde bemächtiget«, »sie leben in Herrlichkeit und Überfluss. Der kleinste Raum unsers Welttheils ist schon in Besitz genommen, jeder Besitz befestigt, Ämter und andere bürgerliche Geschäfte tragen wenig ein; wo giebt es nun noch einen rechtmässigeren Erwerb, eine billigere Eroberung, als den Handel?« »So könntest du meine Göttin (die des Handels) als eine unüberwindliche Siegerin der deinigen (der der Poesie) kühn entgegenstellen. Sie führt freilich lieber den Ölzweig als das Schwert; Dolch und Ketten kennt sie gar nicht: aber Kronen theilet sie auch ihren Lieblingen aus, die, es sey ohne Verachtung jener gesagt, von ächtem aus der Quelle geschöpftem Golde und von Perlen glänzen, die sie aus der Tiefe des Meeres durch ihre immer geschäftigen Diener geholt hat«. Revolutionär ist Wilhelms Bestreben, die Kluft zwischen Adel und Bürgertum zu überbrücken. Wilhelm empfindet diese Kluft empfindlich, ja selbst unbewusst: »so wechselte die Gräfin mit Wilhelm bedeutende Blicke über die ungeheure Kluft der Geburt und des Standes hinüber, und jedes glaubte an seiner Seite sicher seinen Empfindungen nachhängen zu dürfen«. Neben dieser unbewussten Empfindung des Standesunterschieds fühlt Wilhelm aber auch bewusst diese Kluft: »in Deutschland ist nur dem Edelmann eine gewisse allgemeine, wenn ich sagen darf personelle, Ausbildung möglich. Ein Bürger kann sich Verdienst erwerben und zur höchsten Noth seinen Geist ausbilden; seine Persönlichkeit geht aber verloren, er kann sich stellen wie er will«. »Dreymal glücklich sind diejenigen zu preisen, die ihre Geburt sogleich über die untern Stufen der Menschheit hinaus hebt; die durch jene Verhältnisse, in welchen sich manche gute Menschen die ganze Zeit ihres Lebens abängstigen, nicht durchzugehen, auch nicht einmal darin als Gäste zu verweilen brauchen. Allgemein und richtig muss ihr Blick auf dem höheren Standpuncte werden, leicht ein jeder Schritt ihres Lebens! Sie sind von Geburt an gleichsam in ein Schiff gesetzt, um bei der Überfahrt, die wir alle machen müssen, sich des günstigen Windes zu bedienen, und den widrigen abzuwarten, anstatt dass andere nur für ihre Person schwimmend sich abarbeiten, vom günstigen Winde wenig Vortheil geniessen und im Sturme mit bald erschöpften Kräften untergehen. Welche Bequemlichkeit, welche Leichtigkeit giebt ein angebornes Vermögen! und wie sicher blühet ein Handel, der auf ein gutes Capital gegründet ist, so dass nicht jeder misslungene Versuch sogleich in Unthätigkeit versetzt!« Und wie hier unparteiisch Stand und Beruf von allen Seiten beleuchtet wird, so geht durch den ganzen Roman eine wohlthuende Vorurteilslosigkeit, wenn auch der Baron von den Vorurteilen sagt: »wir wollen sie nicht ausjäten, um nicht vielleicht edle Pflanzen mit auszuraufen«. Wenn Wilhelm das in der Masse Mitgehen verabscheut, so hält Jarno es für ein nicht unwesentliches Bildungsmittel: »es ist gut, dass der Mensch, der erst in die Welt tritt, viel von sich halte, dass er sich viele Vorzüge zu erwerben denke, dass er alles möglich zu machen suche; aber wenn seine Bildung auf einem gewissen Grade steht, dann ist es vortheilhaft, wenn er sich in eine grössere Masse verlieren lernt, wenn er lernt, um anderer willen zu leben, und seiner selbst in einer pflichtmässigen Thätigkeit zu vergessen. Da lernt er erst sich selbst kennen, denn das Handeln eigentlich vergleicht uns mit Andern«.

Goethe sagt im Wilhelm Meister, als er die Lebensgeschichte des Helden bis zu einem gewissen Punkte gefördert hat, »das Interesse an unserem Helden beginnt erst da wieder, wo wir ihn in einer Art von Thätigkeit und Genuss zu finden hoffen«.

Thätigkeit und Genuss! In diesen beiden Worten finden wir den Unterschied der beiden Ideale, die in den besprochenen Romangruppen zum Ausdruck kommen.

Eine den Verhältnissen angemessene **Thätigkeit**, die weder die Gesetze der Moral, noch die der Empfindung, noch die der Vernunft schädigt, ist das **Ideal des Gelassenheitsromans**.

Fesselloser **Genuss** aller sinnlichen, seelischen und Vernunftskräfte und Anlagen des Menschen ist das **Ideal des Leidenschaftsromans**.

Wilhelm Meisters Ideal aber ist ein edler Verein von **Thätigkeit und Genuss** des harmonisch ausgebildeten Menschen.

Register.

Die ersten Zahlen weisen auf die Seiten, die darauf folgenden, durch ein Komma von ihnen getrennten, auf die Zeilen, wenn nicht ausdrücklich etwas anderes bemerkt ist. Beim Zählen der Zeilen blieben die Überschriften unberücksichtigt.

Abel, J. F., 27, 24—25.
   Beiträge zur Gesch. d. Liebe, 4, No. 1; 38, 23.
Accademia degli Incamminati, 2, 11—23, 26—31.
Antinous, 67, 9.
Argens, Marquis d', 21, Anm. 2.
   Gesch. d. Frl. v. Mainoville, 5, No. 9.
Arnaud, 24, Anm. 2.
   Bazile, 5, No. 10.
   Belle Anna, 5, No. 11.
   Elmira, 5, No. 12.
   Hist. Erz., 5, No. 13.
   Julia, 5, No. 14.
   Heldenmut, 5, No. 15.

Basedow, 121, 39.
Beaumont, M. le Prince de, 21, Anm. 2.
   Clarissa, 5, No. 17.
   Moral. Erz., 5, No. 18.
   Sieg d. Wahrh. 5, No. 19.
Bellori, 2, 18.
Benzler, J. L., vergl. Mackenzie, 21, Anm. 6.
Berisch, G. W., 21, Anm. 5.
   Chrysophil, 5, No. 27.
Bertuch, F. J., 26, 18—25.
   Übers. d. Don Quixote, 6, No. 42; 53, Anm. 2.
   Übers. d. Gerundio, 9, No. 102 a.
Beuvius, A., 21, Anm. 5.
   Eigensinn, 6, No. 28.
   Henriette, 6, No. 29.

Hassan, 6, No. 30.
Louise, 6, No. 31.
Macht d. Verf., 6, No. 32.
Birken, S., 32, 18.
Blankenburg, Ch. F. von, 25, 27 bis 26, 9; 29, 23.
   Beiträge, 6, No. 34; 26, 2—9; 42, 14, 15; 64, 15;
Bock, J. Ch., 22, 8—11.
   Tagereise, 6, No. 35; 22, 9—10.
Bobertag, F., 56, 21—24.
Bode, J. J. Ch., 22, 25; 23, 1—18.
   Übers. d. Dorfprediger, 10, No. 121 a; 41, Anm. 1.
   Übers. d. Abenteurer, 10, No. 128.
   Übers. d. Humphry, 15, No. 232 f.
   Übers. d. Tristram, 16, No. 239; 54, Anm. 3.
   Übers. d. Briefe an Elise, 16, No. 240.
   Übers. d. empfinds. Reise, 16, No. 241; 22, 10; 38, Anm. 1.
Bodmer, J. J., 44, 14.
Bradshaigh, Lady, 30, 17—23; 31, 16.
Brahm, O., Die deutschen Ritterdr. d. 18. Jahrh., 43, Anm. 2.
Brentano, M., 70, 40.
Bretschneider, H. S., 21, Anm. 5; 49, 13, 14.
   Ferd. v. Thon., 6, No. 37; 49, Anm. 4.
Brückner, E. Th. J., 26, 12—17.
   Ländl. Erz., 6, No. 40; 38, 22, 23.
Busch, J. G., 22, 23—25.
   Übers. d. Rod. Rand., 15, No. 231; 22, 23.

Carracci, Ag., 2, 16, 17.
Carracci, An., 2, 17.
Carracci, L., 2, 15.
Cervantes, M. de, 21, Anm. 2.
  Don Quixote 6, No. 42; 26, 22—25; 53, 38, 39; 54, 1—6; 121, 3; 126, 29.
Cholevius, L.
  Z. Sophiens Reise, 36, Anm. 1.
Christiani, W. E.
  Übers. v. Signe, 16, No. 248.
Cramer, J. A.
  Gellerts Leben, 33, 16, 17.
Crebillon, C.-P., J. de, 48, 15.
Cronegk, J. F. v., 120, 41.
Curio, J. K. D., 28, 13, 18—23.
  Elise, 7, No. 48; 28, 14.
  C. Sievers, 7, No. 49; 28, 14.

Defoe, D.
  Robinson, 59, 8—41; 60, 1—3, 25, 27—29.
Dickinson, 21, Anm. 1.
  Erstaunl. Gesch., 7, No. 51.
Diderot, D., 21, Anm. 2.
  Geschwätzige Muscheln, 7, No. 52; 48, 5, 13, 14.
  Rameaus Neffe, 54, 19—26.
Doddridge, 119, 29.
Dusch, J. J.
  Carl Ferdiner, 7, No. 56; 52, 2—33.
Eichendorff, J. v.
  Gesch. d. Romans, 1, 1—17, Anm. 1; 34, 10, Anm. 1.
  Taugenichts 39, 32, 33.
Engel, J. J.
  Lorenz Starck 43, 17—24; 64, 15 bis 20; 71, 37—40; 72, 1—11; 85, 9—41; 86, 1—5, 10.
Epheu, F. L., 28, 22.

Feder, J. G. H., 25, 5—8, 9.
  Noue Emil, 7, No. 68; 25, 7, 8.
Fichte, J. G. 48, 36.
Fielding, H., 21, Anm. 1; 22, Anm. 1; 29, 1, 21; 37, 39; 44, 24, 25; 55, 1, 5; 59, 5; 129, 4.
  Joseph Andrews, 7, No. 68.
Fischart, J.
  Geschichtsklitterung, 54, 13—18.
Fresenius, J. C. L., 21, Anm. 4.
  Empfindsame Launen, 8, No. 74.

Gellert, Ch. F., 29, 4, 9; 33, 10, 22; 43, 8—10; 67, 26; 117, 13; 119, 28; 120, 28; 121, 20.
  Schwed. Gräfin, 33, 11—21; 36, 29; 62, 31—41; 63, 1—19; 65, 9—40; 71, 5—13; 75, 11—41; 76, 1—18; 103, 29 bis 105, 7; 112, 40 bis 113, 7; 115, 17—27; 118, 12 bis 119, 27, 29; 120, 1—29.
Gellius, J. G., 24, 13—19.
  Übers. d. hist. Erzähl., 5, No. 29.
  Übers. d. Vergnügens, 16, No. 258.
  Übers. d. Vormund, 17, No. 262.
Gervinus, G. G.
  Litter. Gesch., 21, Anm. 5; 22, Anm. 3; 23, Anm. 4; 27, Anm. 2; 28, Anm. 1; 43, Anm. 1; 57, 1.
Gessner, S., 121, 2.
Gleim, J. W. L., 47, 10—14.
Goechhausen, E. A. A. v., 24, 32 bis 35; 25, 1—4;
  Antoinette, 10, No. 119; 25, 3.
  M. R., 10, No. 120; 24, 33—35; 25, 1—2.
Goedecke, K.
  Grundriss, 4, 1, 2; 21, Anm. 5, Anm. 6; 22, Anm. 3, Anm. 5—7; 23, Anm. 4 bis 5; 24, Anm. 1—3; 25, Anm. 2, Anm. 4; 26, Anm. 2—4; 27, Anm. 3; 28, Anm. 3—4.
Goethe, 3, 6—14; 23, 24—27, Anm. 6; 27, 15—18, Anm. 4—5; 29, 5; 40, Anm. 1; 41, 8—11; 43, 36; 47, 1; 52, 34, 35; 53, 2; 58, 17; 60, 25, 26; 70, 31—41; 126, 19.
  Werther, 3, 7; 18, No. 263; 26, 1; 27, 28; 37, 22; 40, 19; 49, 3, 4, 30, 32; 50, 3; 52, 34—38; 53, 1, 2, 28, 29; 55, 7; 64, 27, 28; 68, 32—36; 72, 12—16; 73, 31; 80, 18—20, 24, 25; 87, 1—41; 88, 1 bis 11; 114, 31 bis 115, 3; 124, 37 bis 126, 7.
  Wilhelm Meister, 3, 8, 13, Anm. 1; 18; 45, 1—2; 59, 21—33; 60, 4 bis 26, 30, 31; 65, 8—6; 69, 24 bis 41; 70, 1—30; 72, 12—41; 73, 1—25, 35—41; 74, 1, 2; 92, 19 bis 103, 28; 109, 27 bis 112, 38; 115, 8—9; 116, 8—11; 127, 26 bis 134, 7, 17, 18.
Goldsmith, O., 21, Anm. 1; 29, 2, 21, 22; 41, 14; 42, 33; 125, 6, 7; 129, 4.

Landprediger, 10, No. 121a—b; 41, 3—11; 42, 22.
Gottsched, J. Ch., 117, 12.
Gray, Th., 120, 14.
Greissheim, von, 25, 2.
Griffith, 21, Anm. 1.
   Juliane 10, No. 123.
Grimm, H., 54, 20.
Guarini, 128, 27.

Haller, A. von, 21, 21; 22, 5—7; 49, 25; 123, 12.
   Fabius, 10, No. 125; 22, 7.
   Usong, 10, No. 126; 22, 6; 44, 14.
Hamann, J. G., 21, Anm. 5; 23, Anm. 2; 27, 7; 43, 36; 56, 39; 57, 1, 2; 126, 37.
Hamilton, A., 21, Anm. 1.
   Floris dalpina, 10, No. 127.
Hartmann, G. D., 26, 32—36.
Hawkesworth, 21, Anm. 1.
   Abenteurer, 10, No. 128.
Heinse, J. J. W., 27, 16—21; 28, 3; 46, 35—38; 47, 1—41; 48, 1.
   Petron, 47, 12.
   Laïdion, 10, No. 179; 27, 17; 46, 33.
Herder, G., 21, Anm. 5; 23, 12, Anm. 2; 27, 8; 29, 5; 32, 33, 34, Anm. 6; 43, 36.
Hermes, J. Th., 24, 21, 24; 29, 10; 33, 22—36; 34, 1—13; 51, Anm. 1; 121, 3.
   Miss Fanny Wilkes, 33, 25, 26.
   Sophiens Reise, 10, No. 133; 33, 26 bis 36; 34, 1—7; 35, Anm. 3; 36, 7—8, 12—19, 21—24; 43, 10 bis 11; 63, 20—24; 66, 1—16; 76, 19—41; 77, 1—41; 78, 1—9; 113, 12—13; 115, 27—28; 119, 28 bis 120, 12; 121, 3.
Hettner, H., Schnorrs Arch. 28, Anm. 2; Literat. Gesch. 27, Anm. 5; 29, Anm. 1; 30, Anm. 1; 32, Anm. 2, 3; 38, Anm. 2; 46, Anm. 1.
Hilter, D. K., 21, Anm. 5; 35, Anm. 1.
   Schicksale, 10, No. 134; 35, 12—17, 22; 37, 2; 74, 14—39; 75, 1—10; 105, 8—12; 113, 7—11; 115, 27 bis 28; 117, 8 bis 118, 11.
Hippel, Th. G. von, 25, 16—18; 29, 22; 56, 12—39; 57, 1—4.
   Lebensläufe, 10, No. 135; 56, 22—36.
Hoffmann, O., 21, Anm. 5; 23, Anm. 2.

Hopffgarten, L. F. von, 25, 27; 26, 10—12; 48, 6; 49, 14.
   D. Cavalier, 10, No. 136.
Heim, 11, No. 137.
Minister, 11, No. 138.
Sieg d. Einfalt, 11, No. 139; 49, Anm. 5.
Trim, 11, No. 140; 49, Anm. 5.
Hudemann, L. F., 120, 41.
Hume, D., 120, 15.

Jacobi, F. H., 25, 20—23; 46, 32; 69, 15—18; 81, 83; 90, 30—34.
   Allwill, 11, No. 141; 25, 22; 51, 36, 37; 52, 1—3; 64, 36; 90, 34—41; 91, 1—28; 109, 11—28; 115, 5—7; 116, 5—6; 126, 29 bis 127, 20.
   Woldemar, 11, No. 142; 25, 21, 22; 51, 28, 35; 64, 36—37; 69, 18—21; 91, 29—41; 92, 1—9; 116, 5—6; 126, 29 bis 127, 20.
Imbert, 21, Anm. 2.
Irrungen d. Liebe, 11, No. 143.
Jördens, K. H., Lexikon 23, Anm. 1; 25, Anm. 4—5.
Jung-Stilling, H., 25, 3.
   Henrich Stilling, 11, No. 146—148; 25, 3—15; 40, 1—10; 64, 5—10; 71, 25—32; 82, 7 bis 83, 22; 106, 12 bis 107, 36; 114, 27—28; 115, 35—37; 122, 28 bis 123, 7.
Justi, Carl, Winkelmann, 2, Anm. 2.

Kamprath, 40, Anm. 3.
Kästner, A. G., 55, 32, 34.
Kirsten, J. A., 5, 31, Anm. 5; 36, 34—36.
   Lottchens Reise, 11, No. 149; 34, 35—36; 35, 1—11; 36, 2—10, 24—38; 66, 32—41; 67, 1—3; 81, 1—13; 114, 21—23; 115, 31—32; 121, 35 bis 122, 16.
Klausing, A. E., 21, Anm. 5.
   Pilgrim, 11, No. 150; 14, No. 203.
Kleist, Chr. E. v., 25, 29; 123, 13.
Klinger, F. M., 28, 1—8.
   Orpheus, 11, No. 151; 27, 32; 28, 1—8; 48, 6.
   Moral. Erz., 11, No. 152.
   Giafar, 57, 5—39.
Klopstock, F. G., 44, 14; 122, 35; 123, 13; 125, 7; 126, 11.
Kopp, vergl. Tasso.
Knebel, K. L. v., 3, 12, Anm. 1.
Koberstein, A., Litt. Gesch., 22, Anm. 3; 32, Anm. 4; 45, 6, Anm. 1.

Koch, M., Bez. d. engl. Litt. z. deutsch. 29, Anm. 1; 32, Anm. 1; 41, Anm. 2.
Köhler, K. F., 21, Anm. 5.
  Gesch. e. Spröd., 11, No. 153; 48, 7.
Korn, Ch. H., 22, 15.
  Abendstund., 11, No. 154; 22, 15—17.
Kretschmann, K. F., 20, 33, 34.

La Roche, S. de, 23, 19—27; 29, 10.
  Freundschaftl. Frauenz.-Briefe., 12, No. 159; 23, 22—27, Anm. 6; 34, 14—23; 36, 8, 16; 63, 24—27; 67, 4—28; 71, 13—21; 78, 10 bis 79, 34; 113, 12 bis 114, 24; 115, 28—29; 120, 14—27.
Lenz, J. M. R., 27, 26—32.
  Landprediger, 12, No. 167; 27, 29; 41, 27—36; 42, 1—10, 23; 64, 15; 114, 31—33; 116, 1—2.
  Zerbin, 12, No. 168; 27, 30; 50, 32—33; 51, 1—24; 53, 4—11; 64, 32—34; 69, 7—15; 80, 20—41; 90, 1—29; 116, 4—5; 126, 15—28.
  Waldbruder, 27, 28; 49, 33, 34; 50, 1—30; 64, 28—31; 68, 36—41; 69, 1—7; 88, 12—41; 89, 1—26; 115, 4; 116, 3—4; 126, 7—14.
Le Sage, R., 21, Anm. 2.
  Hinkende Teufel, 12, No. 169; 54, 29—31.
  Gilblas, 54, 27, 28.
Lessing, G. E., 21, 21; 22, 12; 23, 3; 29, 5; 44, 32, 33; 47, 1; 80, 1; 121, 1; 125, a.
Lichtenberg, Ch. G., 55, 22.
Leuchsenring, F. M., 81, 33.
Lillo, G., 32, 3.
Loangswoord, 21, Anm. 1.
  Salisbury, 12, No. 175.
Loën, J. M. v., 21, 25—27; 22, 1—4; 49, 13.
  Redl. Mann, 12, No. 176; 21, 27; 49, Anm. 3.
Luther, M., 55, 29—31.
Loroock, K., 21, Anm. 1.
  Greenville, 13, No. 177.

Mackenzie, H., 21, Anm. 1.
  J. v. Roubigne, 13, No. 180.
Macpherson, J., 43, 33.
Marivaux, P. C. de, 21, Anm. 2; 49, 20.
  Marianne, 13, No. 185.
Marziale, A., 2, 17.

Meissner, A. G., 28, 12—18.
  Skizzen, 13, No. 186; 28, 14—18.
Merck, J. H., 25, 16, 19, 20, 22; 41, 17.
  Oheim, 13, No. 187; 41, 16—26; 64, 14; 68, 19—24; 71, 33—36; 108, 29—39; 116, 2—3; 124, 17—23.
  Intelligenzbl., 13, No. 188; 38, 27—36; 39, 1—33; 52, Anm. 2.
  Wer ist glücklich? 13, No. 169.
Meyer, 117, 16.
Miller, M., 27, 21—24; 39, 36—40.
  K. v. Burgheim, 13, No. 190.
  Siegwart, 1, 7; 13, No. 191; 25, 14; 27, 24; 40, 11—17; 64, 11—12; 68, 8—15; 83, 23—41; 84, 1—29; 107, 37 bis 108, 11; 114, 26—30; 115, 36—39; 123, 8—26.
Milton, J., 122, 34.
Minor, J., 25, Anm. 6; 26, Anm. 1; 55, Anm. 3; 116, Anm. 1.
Montaigne, M. de, 126, 30.
Müchler, J. G. Th., 22, 11—15.
  Übers. d. Coriat Junior, 14, No. 202; 22, 15.
Müller, J. G., 25, 23—26.
  Übers. d. Bürger, 6, No. 41.
  Übers. d. Ring, 14, No. 210.
Musaeus, J. K. A., 24, 20, 22, 23; 29, 22.
  Reisen, 13, No. 196; 24, 20; 55, 9—13.

Naquer de Voilour, Mad., 21, Anm. 2.
  Erzähl., 14, No. 199.
Neukirch, B., 32, 18, 19.
Nicolai, Ch. F., 24, 20, 35; 29, 22; 47, 2; 64, 13, 14.
  Freud. d. j. Werther, 14, No. 200; 42, 19, 20.
  Nothanker, 14, No. 201; 42, 17—19, 21—31; 56, 6—8; 64, 13, 14; 84, 30 bis 85, 8; 108, 12—28; 115, 39 bis 116, 1.

Öser, A. F., 66, 22; 121, a.
Ossian, 125, 6.

Paterson, S., 21, Anm. 1.
  Coriat Junior, 14, No. 202; 22, 14.
Percy, Th., 43, 37.
Petrarca, 126, 19.
Pfeil, Ch. K. L. von, 20, 2.
Pistorius, H. A., 23, 18—19.
  Übers. G. Bunkel, 15, No. 233.
Plato, 126, 30.

Rabelais, F., 54, 13.
Ramler, F., 119, 28.
Rétif de la Bretonne, 21, Anm. 2.
 Fanchette, 14, No. 208; 48, 2.
Richardson, S., 2, 3; 22, Anm. 1;
 22, 16, 17; 29, 1, 15; 30, 11—39;
 31, 1—40; 32, 1, 6—16, 26—34;
 33, 1, 5; 37, 26—35, 38, 39; 41,
 3; 43, 17, 26—35; 44, 20; 45, 19;
 48, 28, 32; 49, 19; 55, 2, 7; 71,
 3—4; 121, 4, 5; 129, 4.
 Pamela, 33, 9; 36, 5—7.
 Clarissa, 33, 10; 43, 34, 35.
 Grandison, 55, 21, 23; 119, 28.
Richey, W., 21, Anm. 5.
 Charlotte, 14, No. 209.
Riesen, A., J. Bunkel, 15, No. 234.
Rost, vergl. Heinse, 47, 14.
Rottmann, A. L., Wertherin, 14,
 No. 211.
Rousseau, J. J., 22, 2, Anm. 2; 25,
 8; 27, 19; 29, 2; 39, 19; 43, 38;
 47, 10, 29; 52, 34; 119, 29; 123,
 13; 124, 36; 126, 9.
 Neue Heloïse, 2, 3; 14, No. 212; 29,
 16; 49, 16—29; 52, 37; 53, 28, 29.

Saal, J. H.
 Abendzeitvertreib, 14, No. 213.
Sagar, M. A., 22, 17—23.
 Caroline, 14, No. 214; 22, 19, 20.
 Verw. Töchter, 14, No. 215.
Sattler, J. P., 26, 25, 26.
 Friederike, 14, No. 216; 26, 26;
 34, 23—34; 35, Anm. 2; 36, 9,
 15; 63, 25—33; 66, 17—81; 71,
 21—24; 79, 38—41; 80, 1—33;
 114, 21—23; 115, 30—31; 120,
 33 bis 121, 34.
Scarron, P., 55, 22.
Scherer, W., Litt. Gesch., 23, Anm. 3;
 42, Anm. 4; 44, Anm. 5; 49, Anm. 7.
Schiller, F. v.
 Horen, 43, 19; 49, 34.
Schmidt, E., Richardson, Rousseau
 u. Goethe, 29, Anm. 1; 32, Anm. 1;
 33, Anm. 1; 43, Anm. 2; Viertel-
 jahrsschr., 22, Anm. 4; Charakte-
 ristikon, 40, Anm. 2.
Schmolk, B., 117, 16.
Schöpfel, J. W. A., 28, 9—11.
 Martin Flachs, 15, No. 218.
 Th. Imgarten, 15, No. 219.

Schubart, Ch. F. D., 25, 6; 27, 6.
Schummel, S. G., 27, 9—16.
 Fritzens Reise, 15, No. 222; 27, 13;
 38, 26.
Schwager, J. M., 24, 23—26.
 M. Dickius, 15, No. 223.
 Frauken, 15, No. 224.
Schwindt, 123, 19.
Seybold, D. Ch., 26, 22—36.
 Hartmann, 15, No. 226; 26, 35.
 Reitzenstein, 15, No. 227.
Shaftsbury, A. A. C. v., 44, 25.
Shakespeare, W., 43, 37; 69, 33;
 72, 30; 121, 4; 126, 9; 128, 30—34.
Sigurd, 1, 6.
Smollet, T., 21, Anm. 1; 22, Anm. 1.
 Roderich Random, 15, No. 231 a, b;
 22, Anm. 1.
 Humphry Klinker, 15, No. 232.
Sokrates, 126, 30.
Sophokles, 126, 30.
Spieren, R. v., 21, Anm. 1.
 J. Bunkel, 15, No. 233.
Spinoza, 126, 37.
Stadion, F. v., 44, 29.
Sterne, L., 21, Anm. 1; 27, 3; 29, 1,
 21; 37, 36; 38, Anm. 2; 45, 20 bis
 39; 46, 1—32; 59, 5; 126, 29.
 Elisas Briefe, 15, No. 236.
 Sternes Briefe, 15, No. 237.
 Elisens Briefe, 16, No. 238.
 Tristram Shandi, 16, No. 239; 22,
 Anm. 1; 45, 20—39; 46, 1—28; 54,
 31—38.
 Yoriks Briefe, 16, No. 240; 49, 13.
 Yoriks Reise, 16, No. 241; 22, 10;
 23, 7—12; 38, 1—30; 39, 25—30;
 63, 41; 64, 1—4; 67, 30—41; 68,
 1—7; 81, 11—41; 82, 1—6; 115,
 32—33; 121, 3; 122, 23—27.
Stetten, P. v., 23, 27; 24, 1—13.
 Briefe e. Frauenz., 16, No. 242; 24,
 3, 4, 9—11.
 Lebensbeschr. 16, No. 243; 24, 2.
Swift, J., 29, 21.
 Gulliver, 58, 28—40; 59, 1—7.
Succow, 25, 6.

Tasso, 128, 13.
Telynhard, 26, 32.
Terenz, 126, 10.
Thümmel, M. A. von, 24, 21, 25; 29,
 23; 56, 2.

Wilhelmine, 16, No. 247; 42, 19; 55,
14—38; 56, 1—9; 116, 7—8.
Thun, von, 21, Anm. 4.
Signe, 16, No. 248.

Ussieux, 21, Anm. 1.
Armen. Prinz, 16, No. 255.

Voltaire, F. M. de, 21, Anm. 2; 27, 3.
Candide, 17, No. 261; 53, 30—34; 57,
7—14, 18, 19, 26, 27.

Wagner, H. L., 20, 36; 49, 13.
Confisc. Erz., 17, No. 263; 49, Anm. 2.
Seb. Sillig, 17, No. 264, 49, Anm. 2.
Warnecke, G. L., 21, Anm. 5.
Verl. Knabe, 17, No. 267.
Warton, vgl. Hawkesworth, 21, Anm. 1.
Weinhold, K., 27, Anm. 6.
Weisse, Ch. F., 25, 32; 55, 18; 122, 37.
Werner, R. M., 25, Anm. 1; 42, Anm. 5.
Wezel, J. K., 27, 1—8.
Belphegor, 17, No. 271; 48, 2.
Ehestandsgesch., 17, No. 272 a--c.
Euphron, 17, No. 273.
Knauth, 17, No. 274; 48, 2.

Wieland, Ch. M., 24, 20; 25, 4; 26,
12; 27, 7, 19; 29, 5, 22; 44, 10—35;
45, 1—2; 47, 1, 6—9, 35; 48, 1;
126, 10.
Gold. Spiegel, 44, 16.
Danischmed, 44, 16, 17.
Agathon, 44, 23—25; 45, 1—2.
Abderiten, 17, No. 276; 45, 2—17;
64, 21—25; 68, 27—30; 86, 12—41;
108, 40 bis 109, 10.
Musarion, 121, 2.
Wild, F., 21, Anm. 5.
Mildthätigkeit, 17, No. 277.
Winckelmann, J. J., 2, 4, 10, 24; 32,
Anm. 1; 3, 9; 47, 40, 41; 58,
22—24; 67, 16.

Young, A., Reisen, 18, No. 280; 119,
29; 121, 3; 122, 34.

Zachariae, Fr. W., Tayti, 18, No. 281;
48, 10.
Zeange, Erzähl., 18, No. 282.
Zeuxis, 66, 19; 121, 6.
Zschokke, H., 27, 30; 41, 28—30.

www.ingramcontent.com/pod-product-compliance
Lightning Source LLC
Chambersburg PA
CBHW030352170426
43202CB00010B/1354